Maison Américaine
Livre de Coloriage

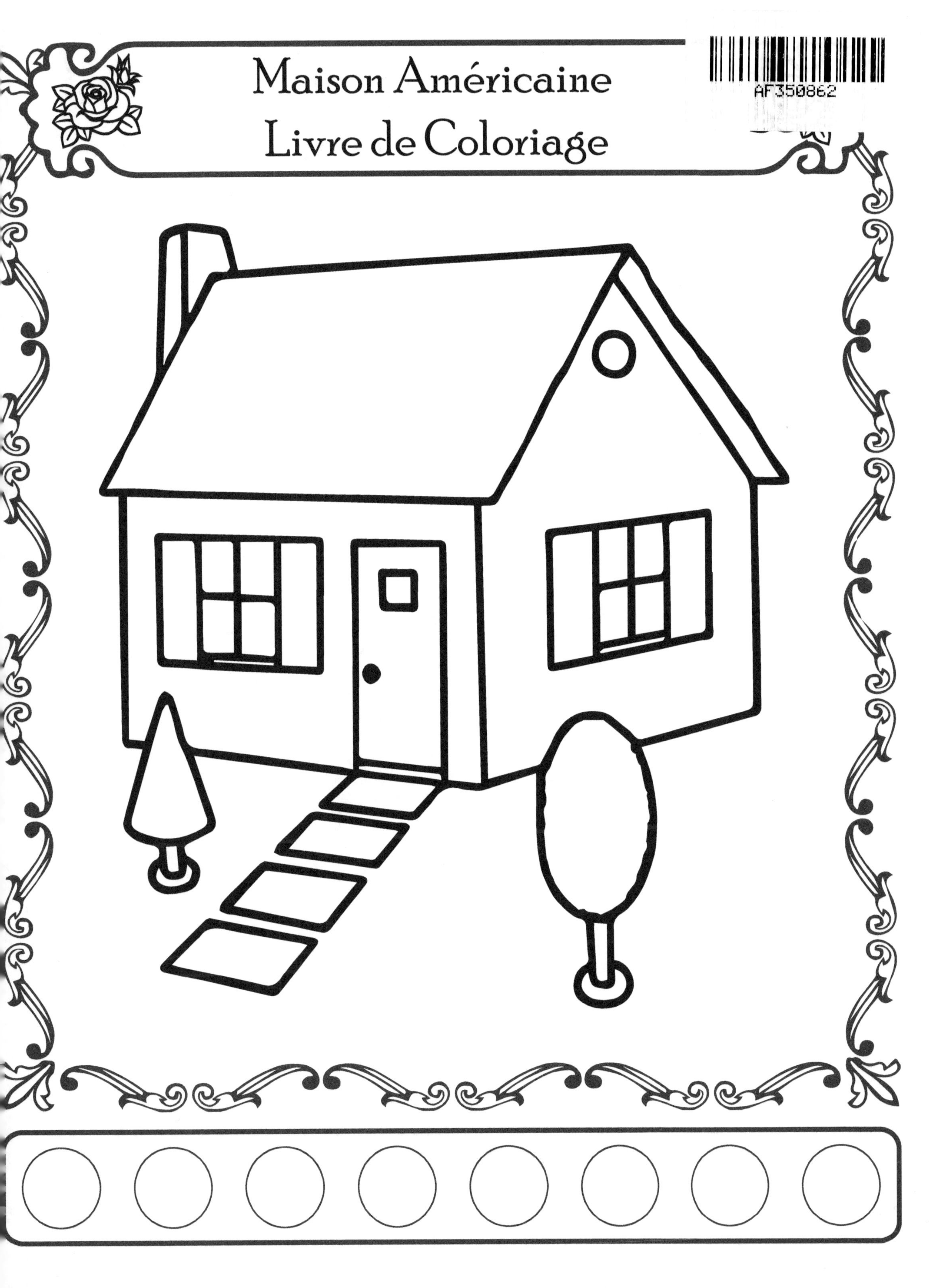

Maison Américaine
Livre de Coloriage

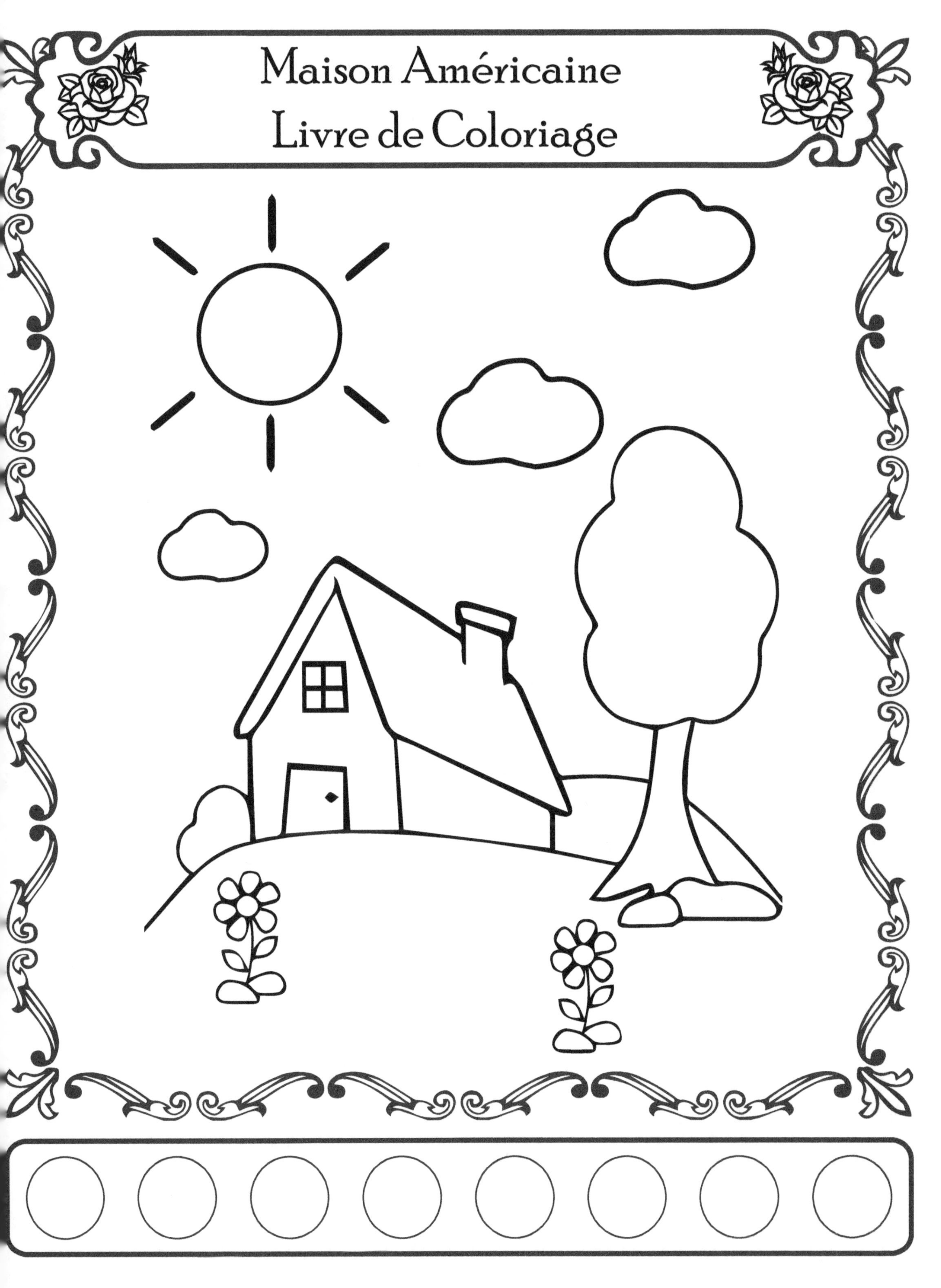

Maison Américaine
Livre de Coloriage

Maison Américaine
Livre de Coloriage

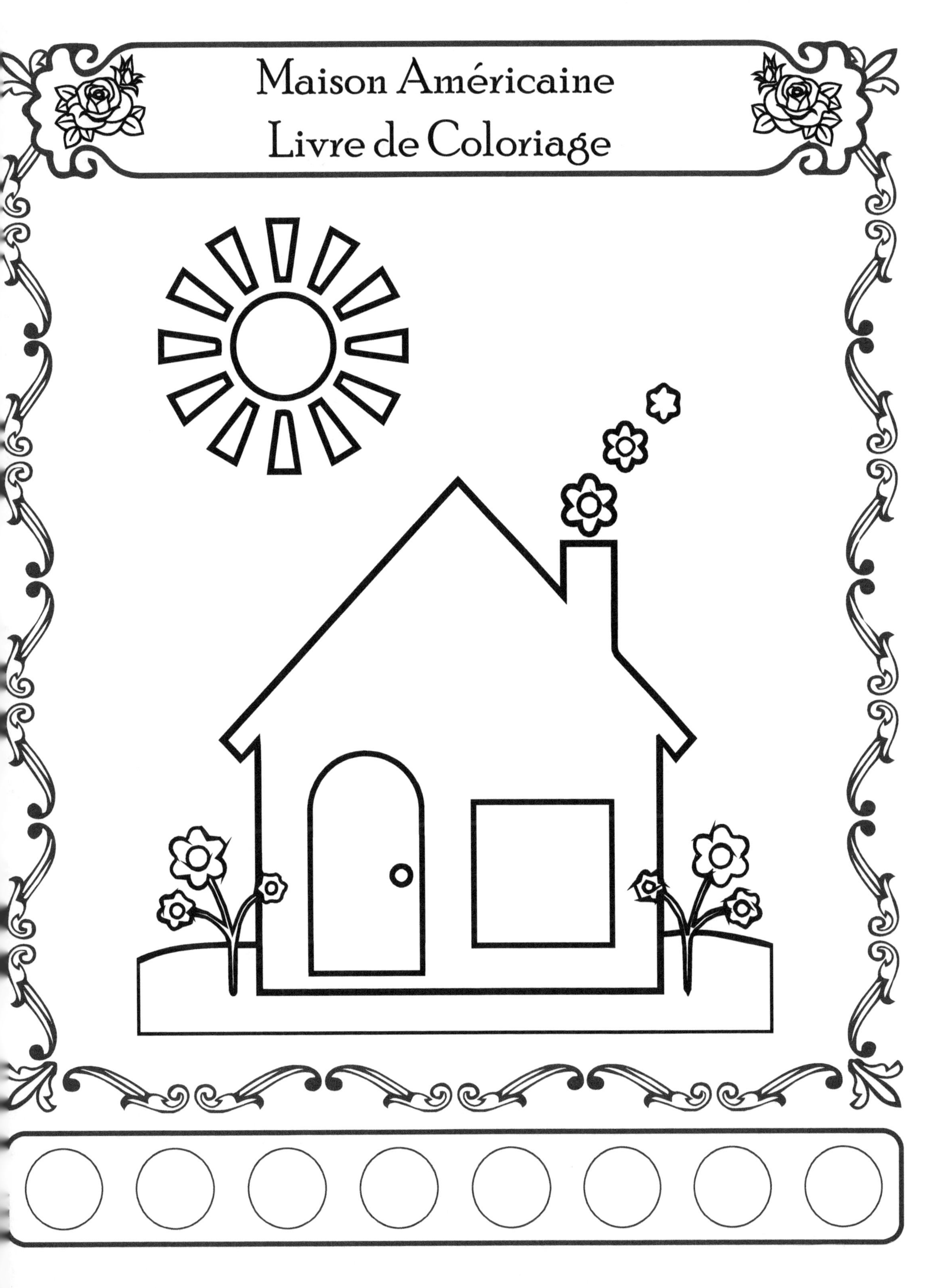

Maison Américaine
Livre de Coloriage

Maison Américaine
Livre de Coloriage

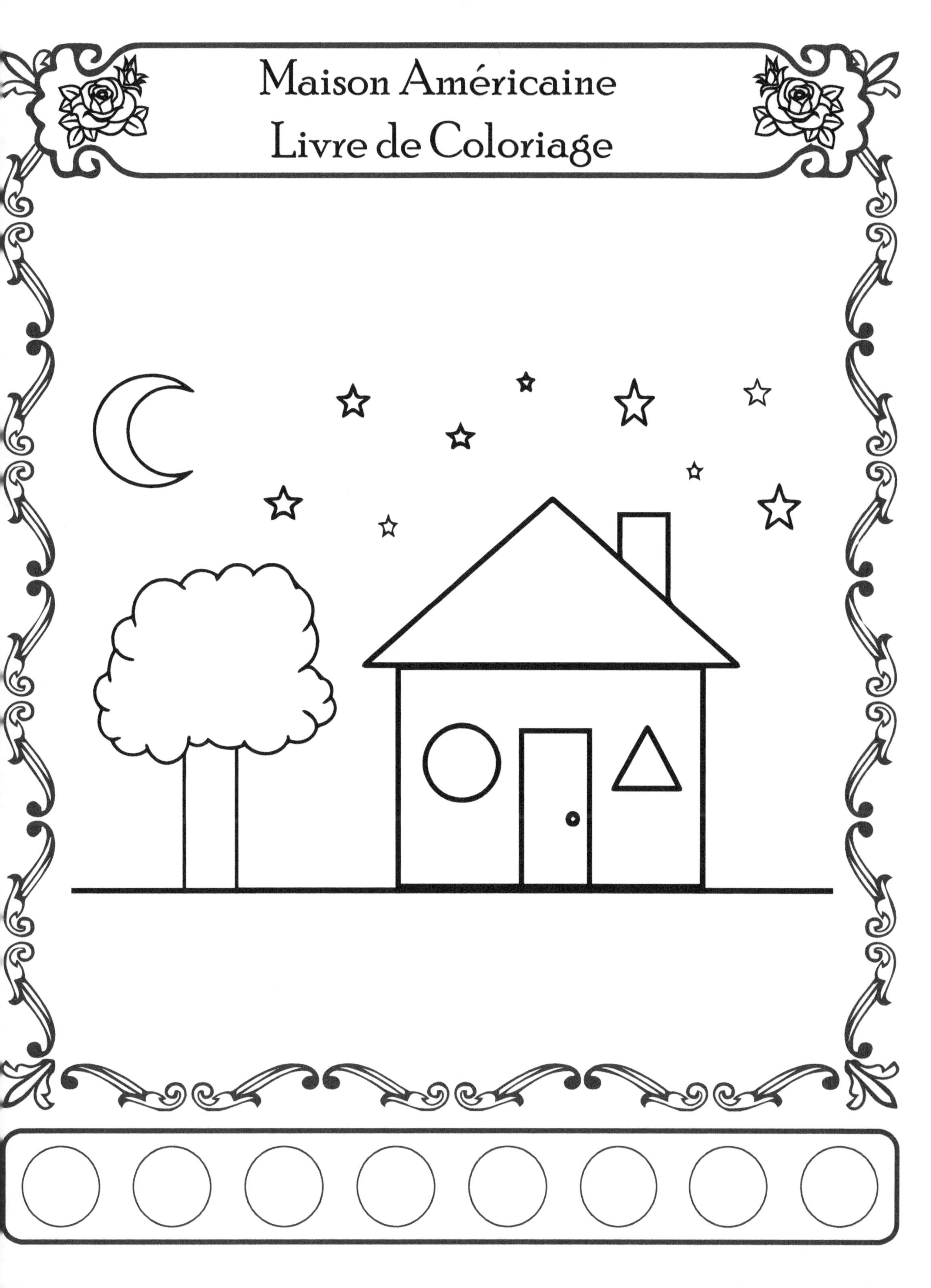
Maison Américaine
Livre de Coloriage

Maison Américaine
Livre de Coloriage

Maison Américaine
Livre de Coloriage

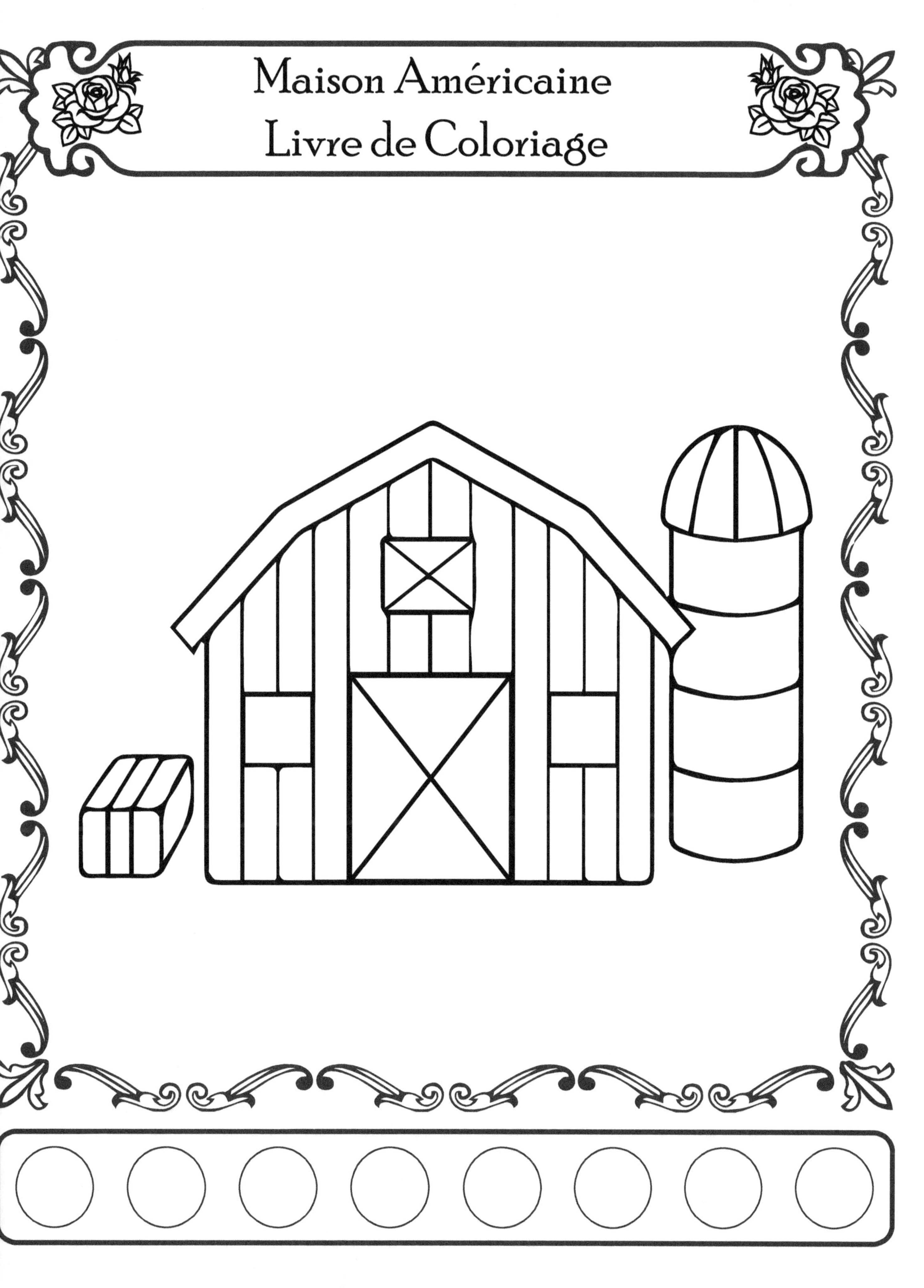

Maison Américaine
Livre de Coloriage

Maison Américaine
Livre de Coloriage

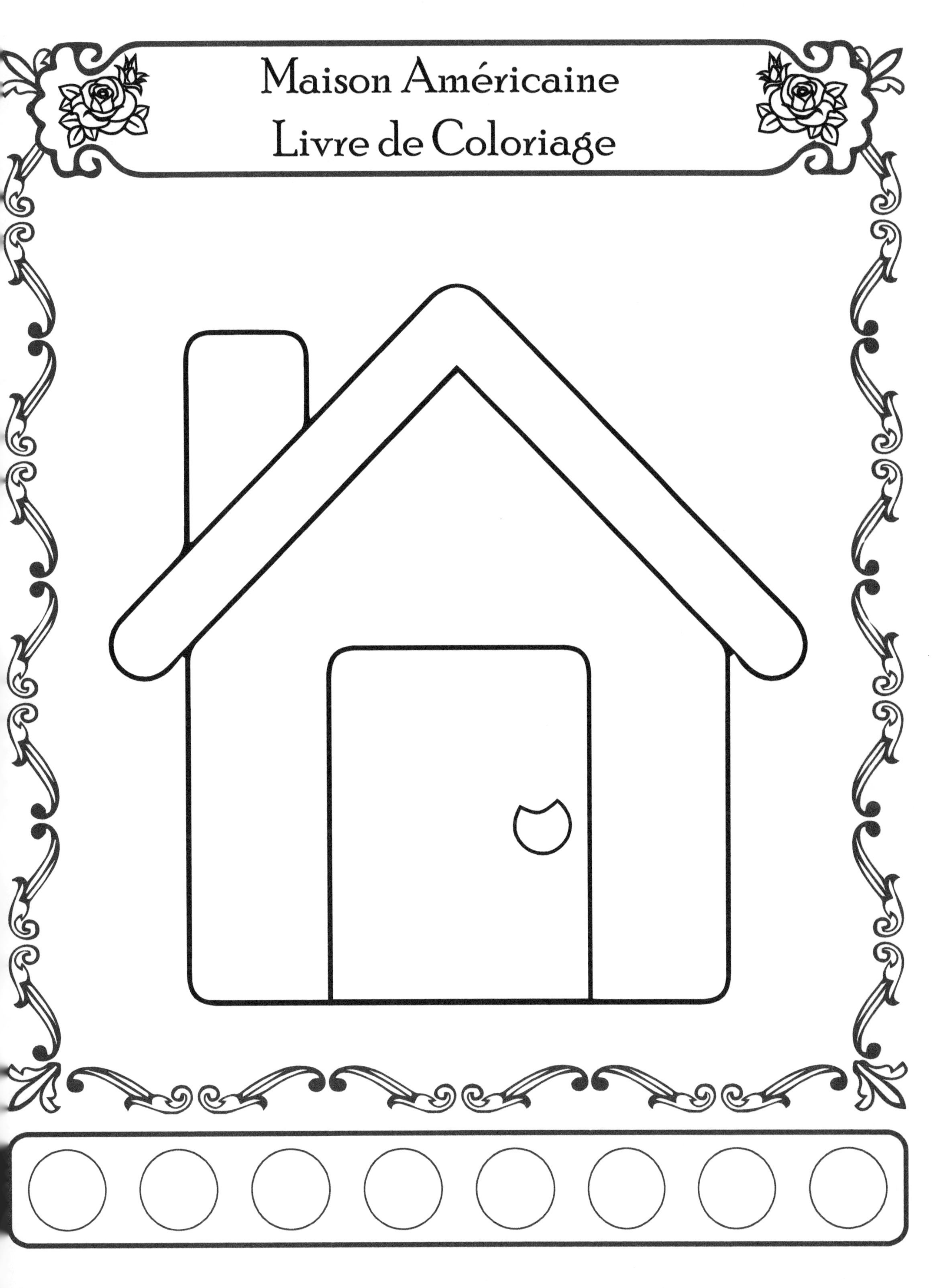

Maison Américaine
Livre de Coloriage

Maison Américaine
Livre de Coloriage

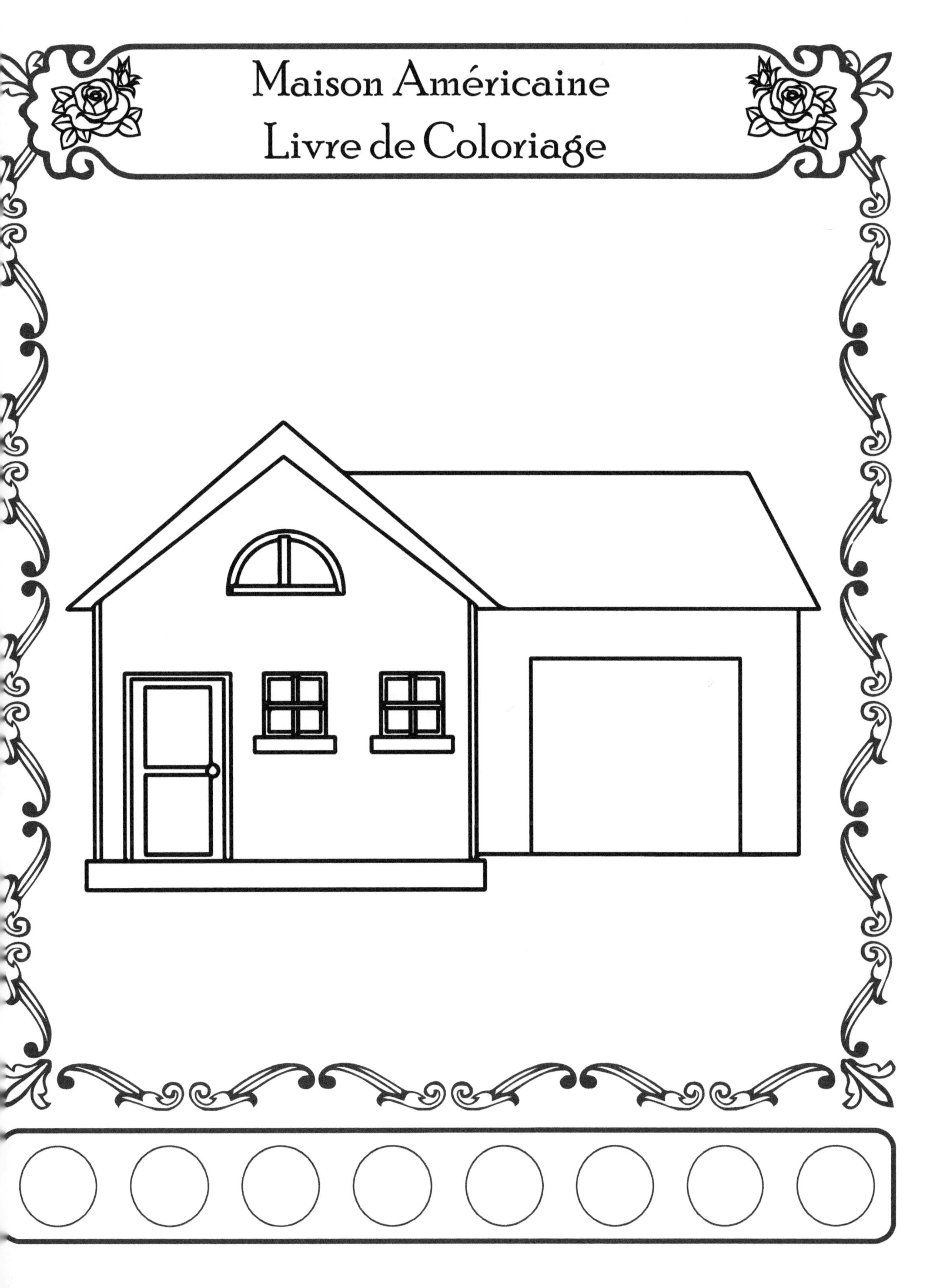

Maison Américaine
Livre de Coloriage

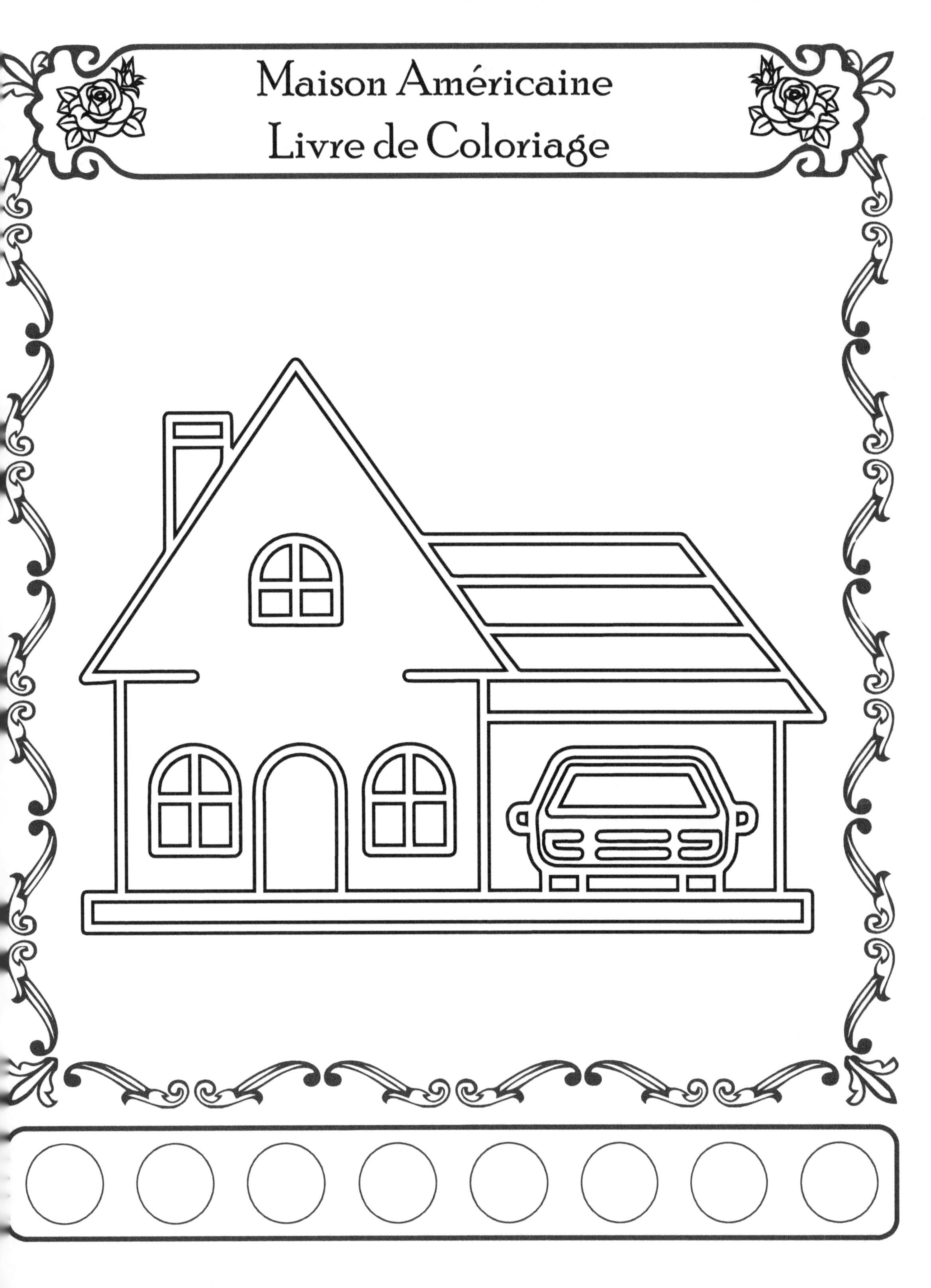

Maison Américaine
Livre de Coloriage

Maison Américaine
Livre de Coloriage

Maison Américaine
Livre de Coloriage

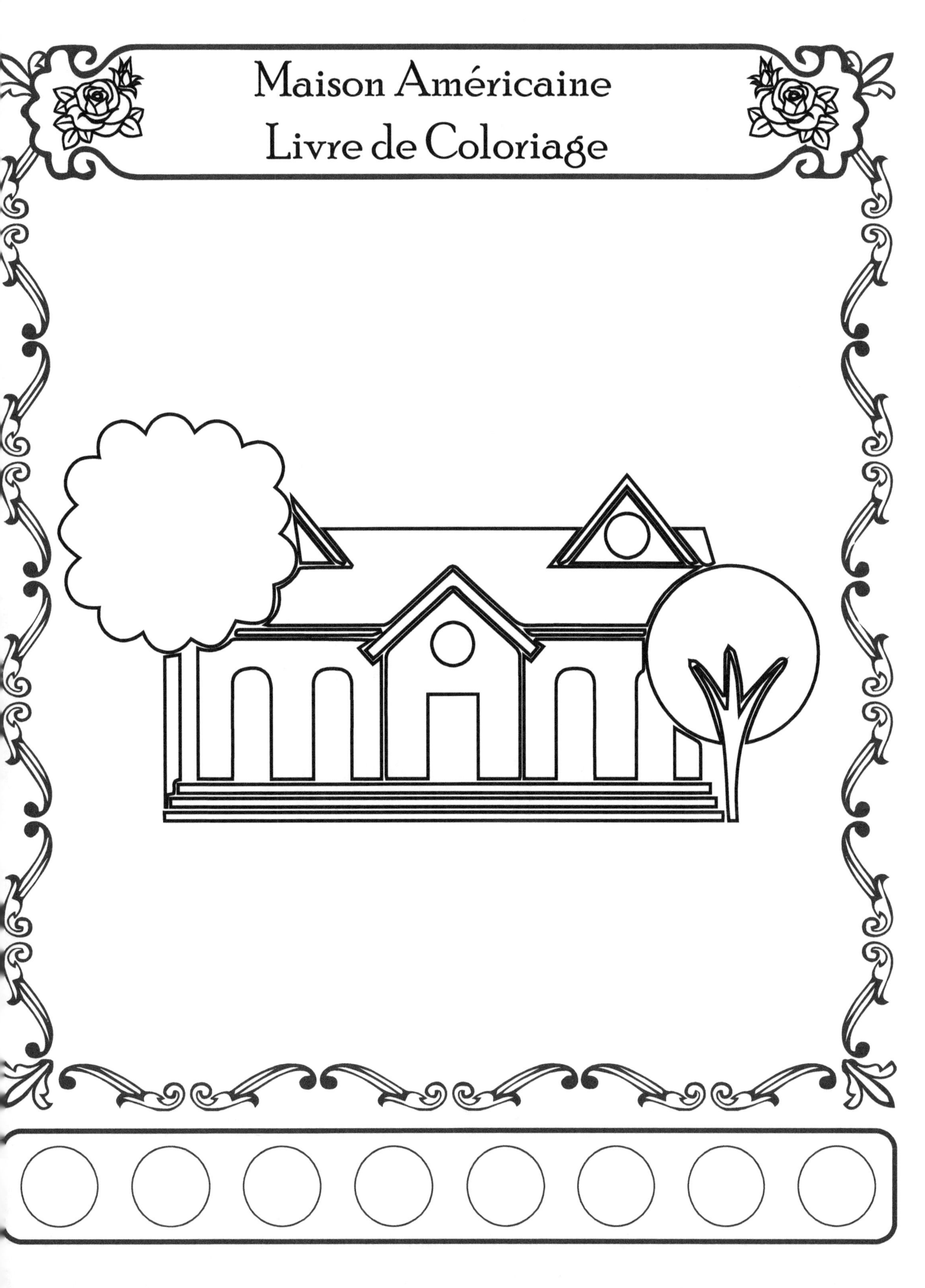

Maison Américaine
Livre de Coloriage

Maison Américaine
Livre de Coloriage

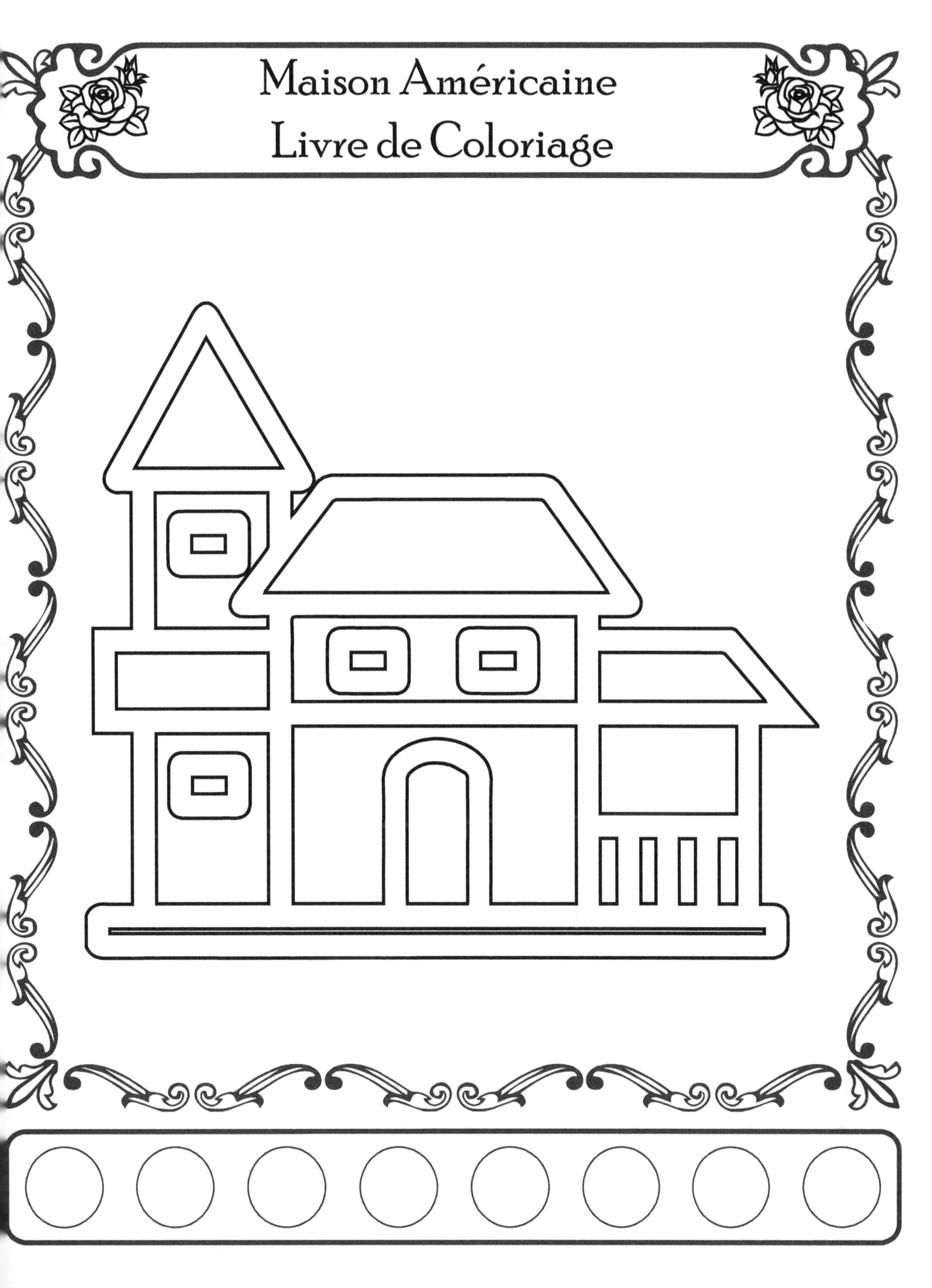

Maison Américaine
Livre de Coloriage

Maison Américaine
Livre de Coloriage

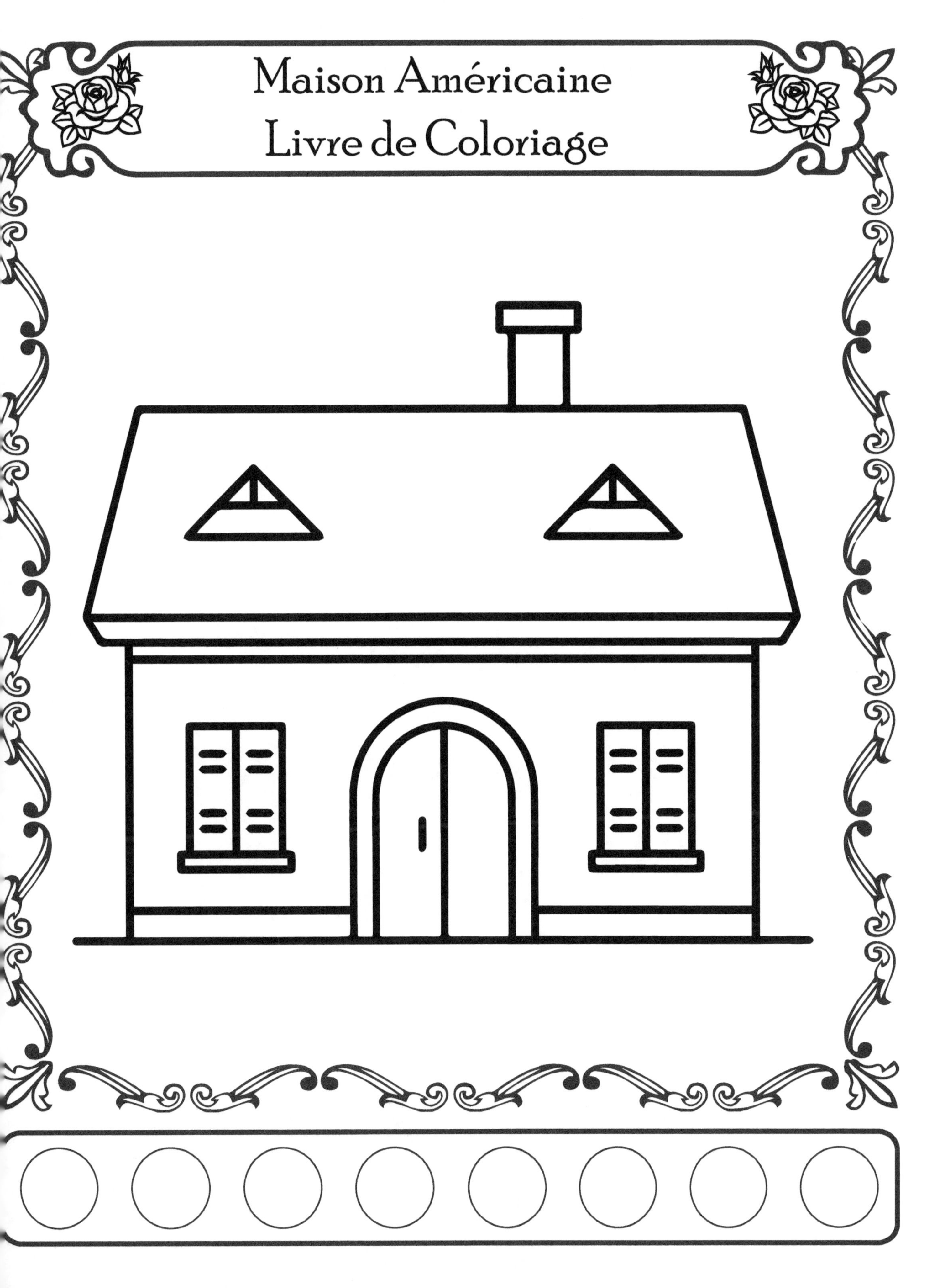

Maison Américaine
Livre de Coloriage

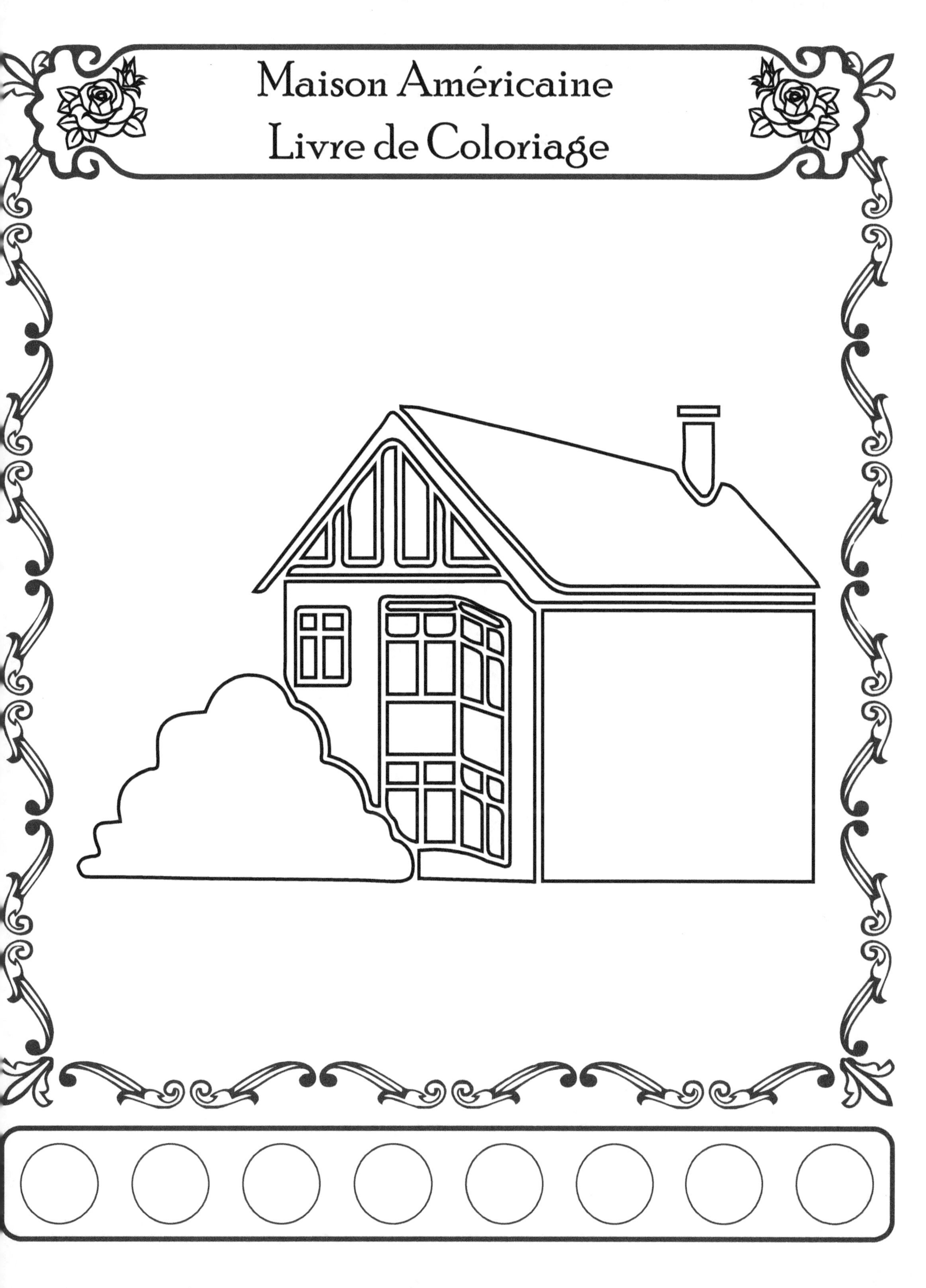

Maison Américaine
Livre de Coloriage

Maison Américaine
Livre de Coloriage

Maison Américaine
Livre de Coloriage

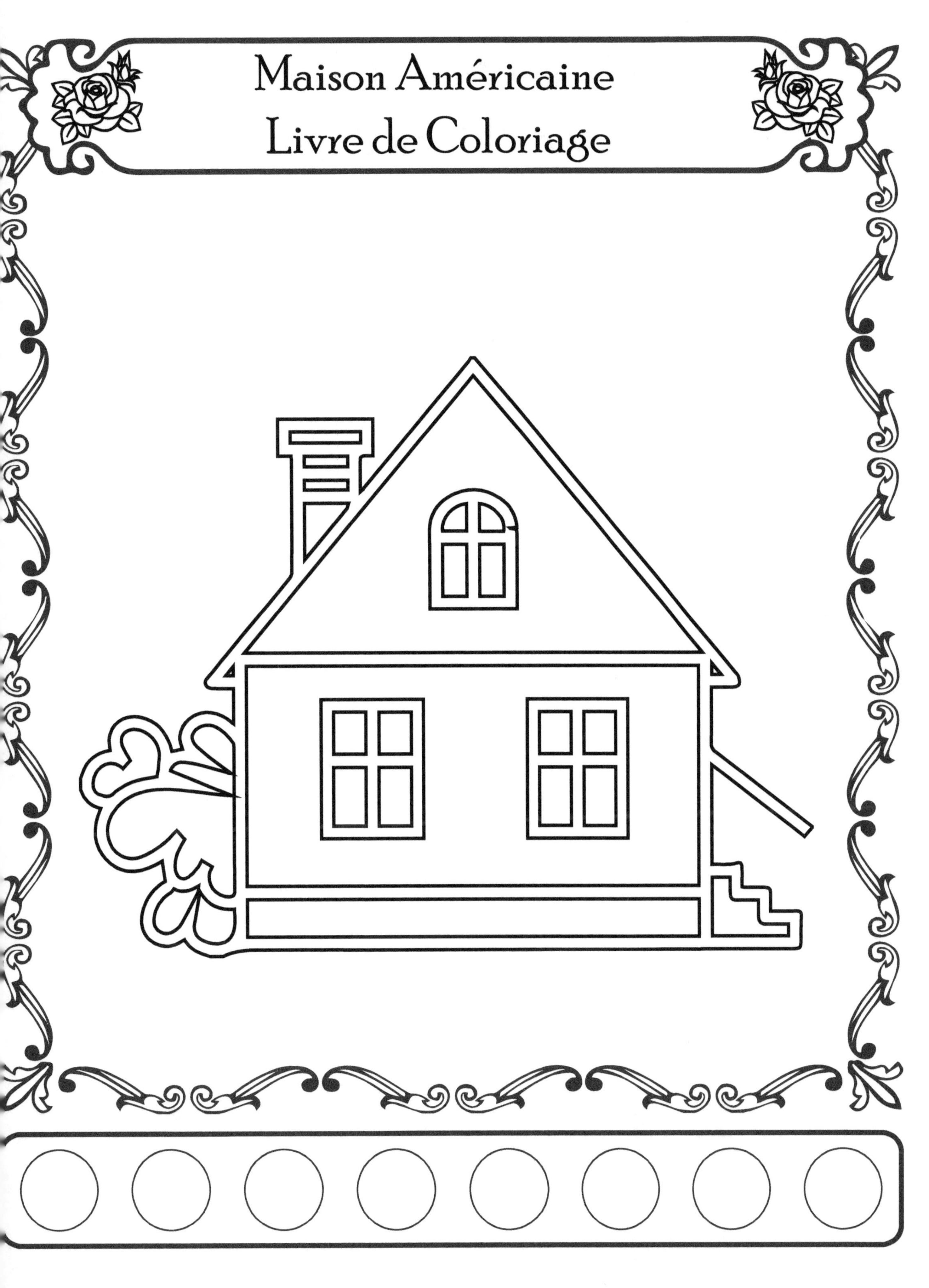

Maison Américaine
Livre de Coloriage

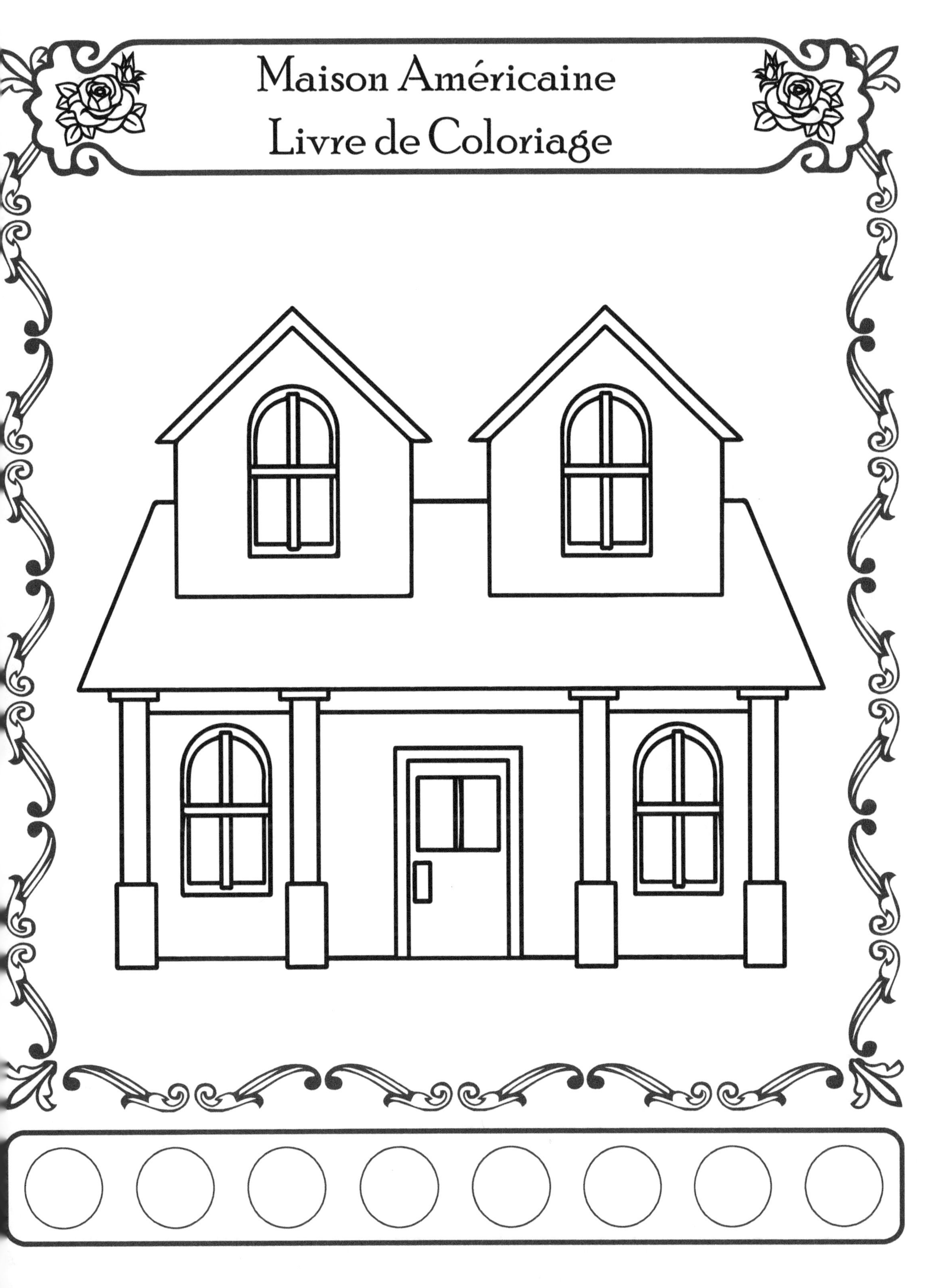

Maison Américaine
Livre de Coloriage

Maison Américaine
Livre de Coloriage

Maison Américaine
Livre de Coloriage

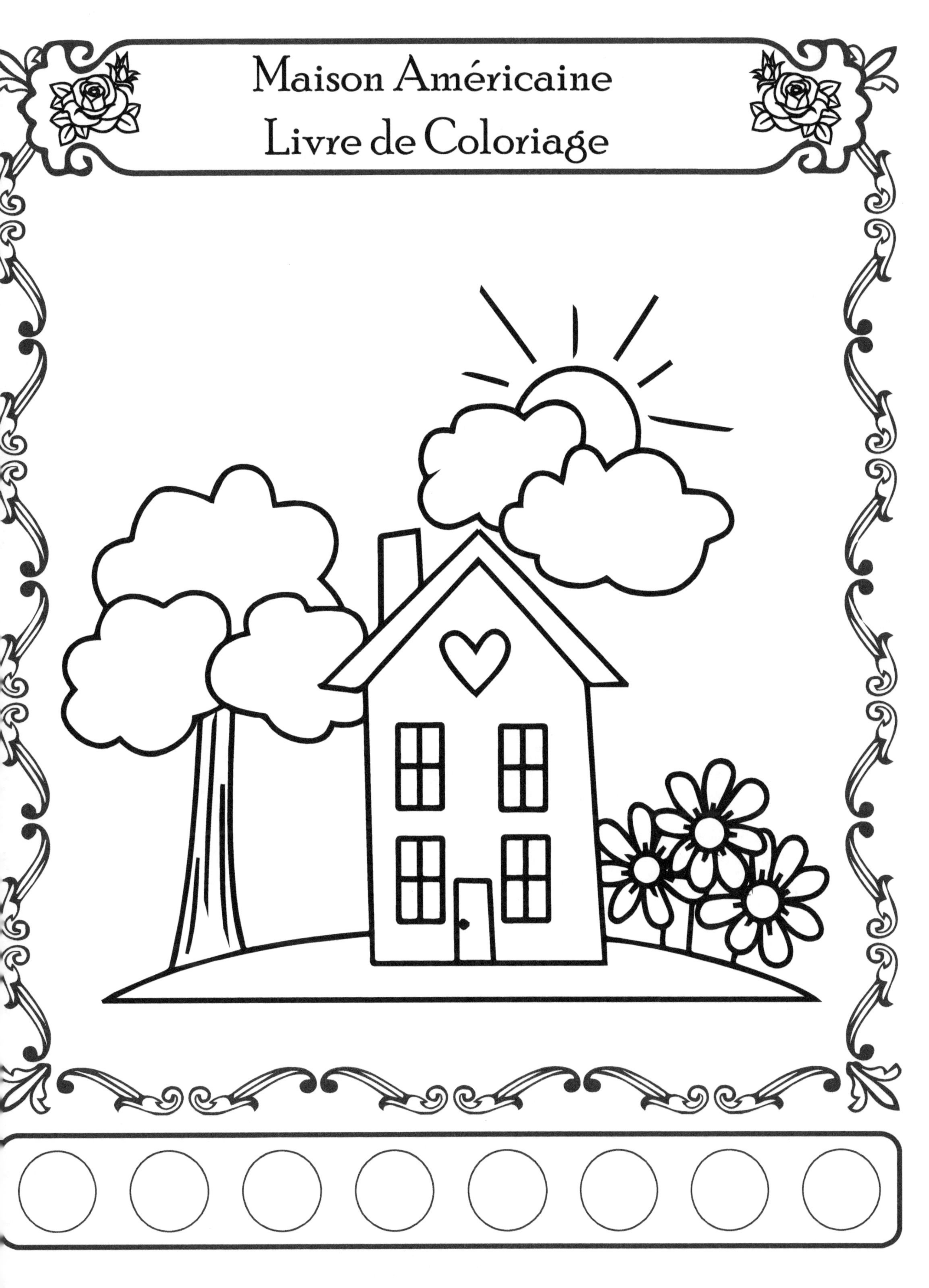

Maison Américaine
Livre de Coloriage

Maison Américaine
Livre de Coloriage

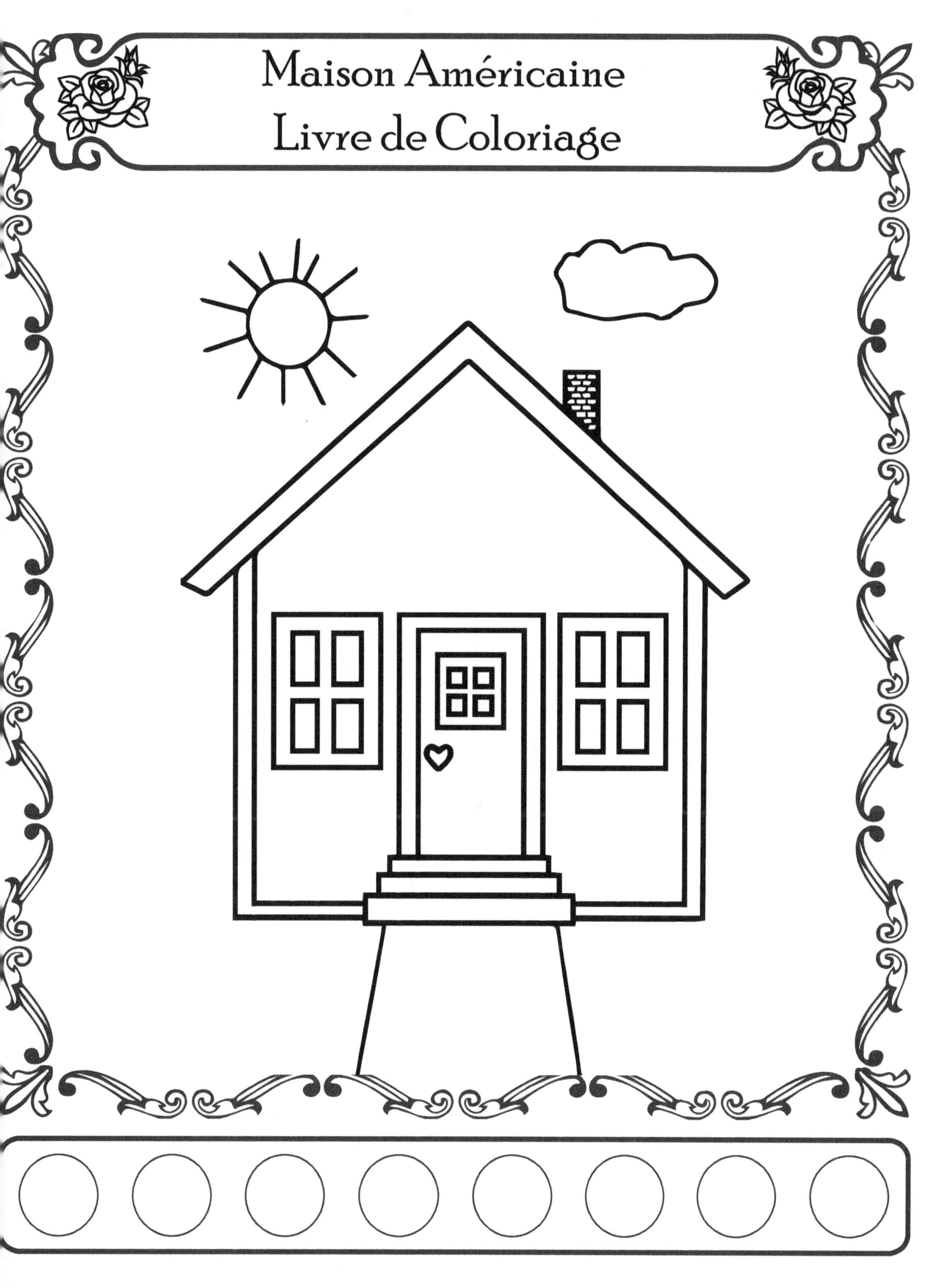

Maison Américaine
Livre de Coloriage

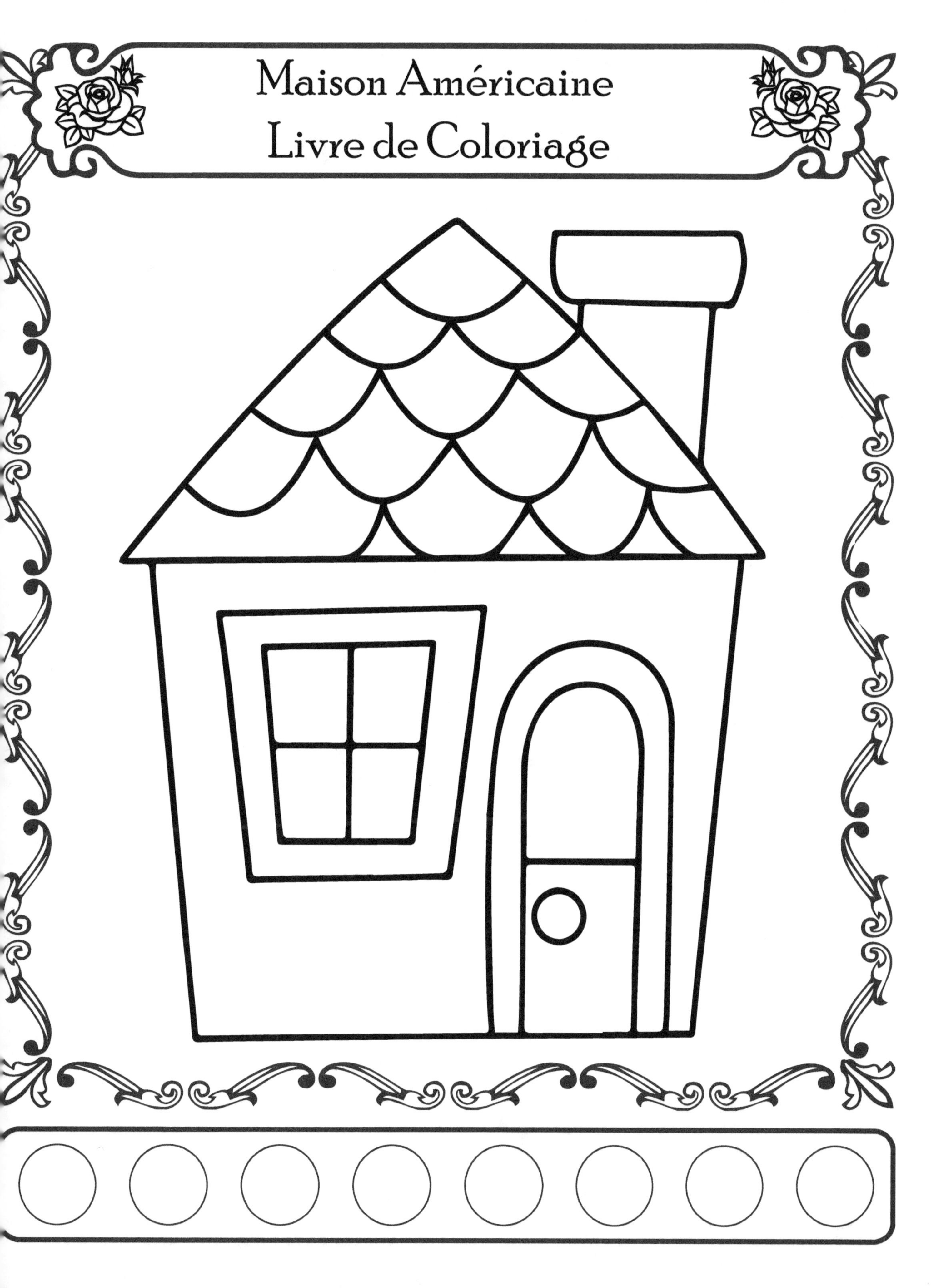

Maison Américaine
Livre de Coloriage

Maison Américaine
Livre de Coloriage

Maison Américaine
Livre de Coloriage

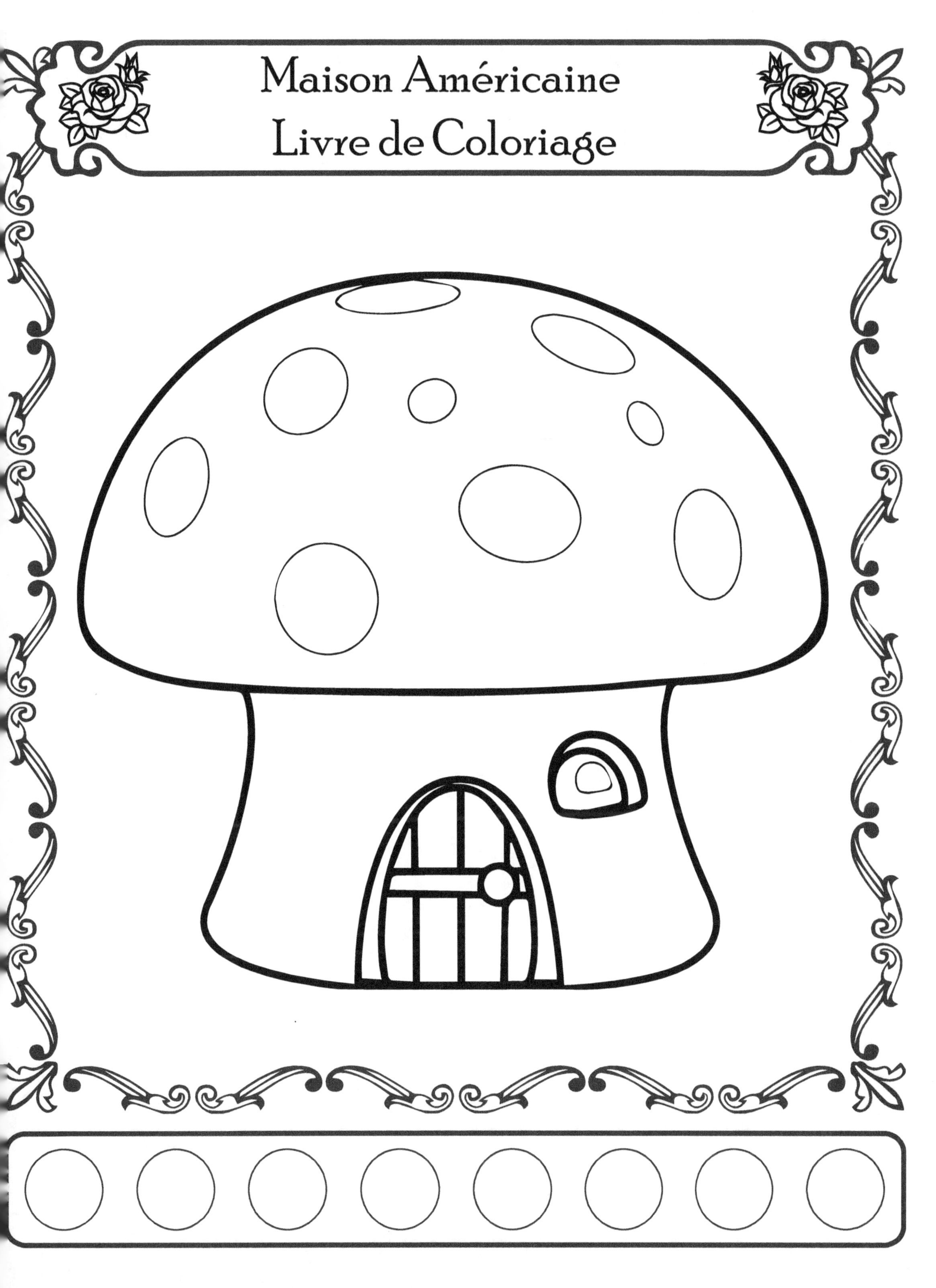

Maison Américaine
Livre de Coloriage

Maison Américaine
Livre de Coloriage

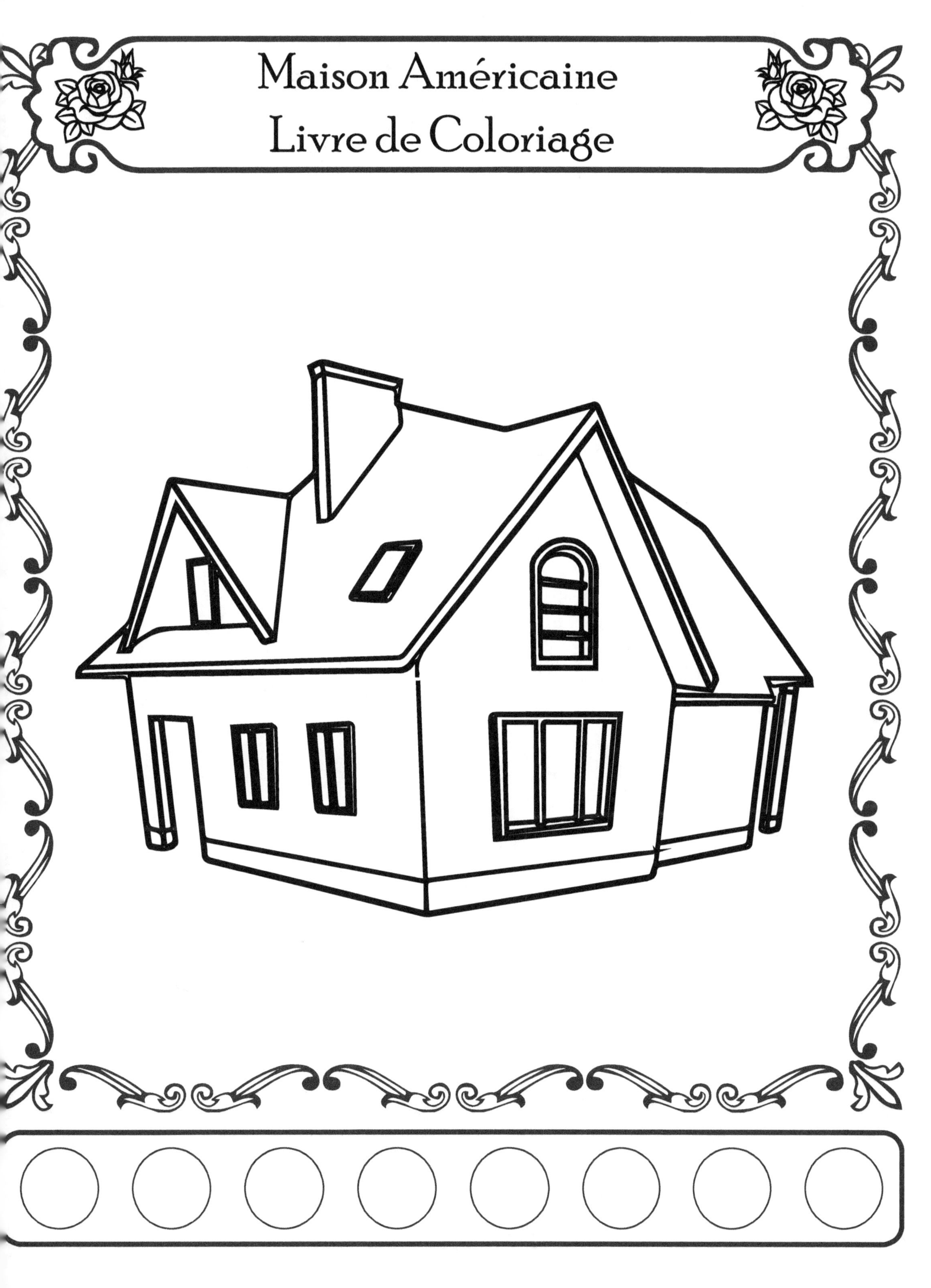

Maison Américaine
Livre de Coloriage

Maison Américaine
Livre de Coloriage

Maison Américaine
Livre de Coloriage

Maison Américaine
Livre de Coloriage

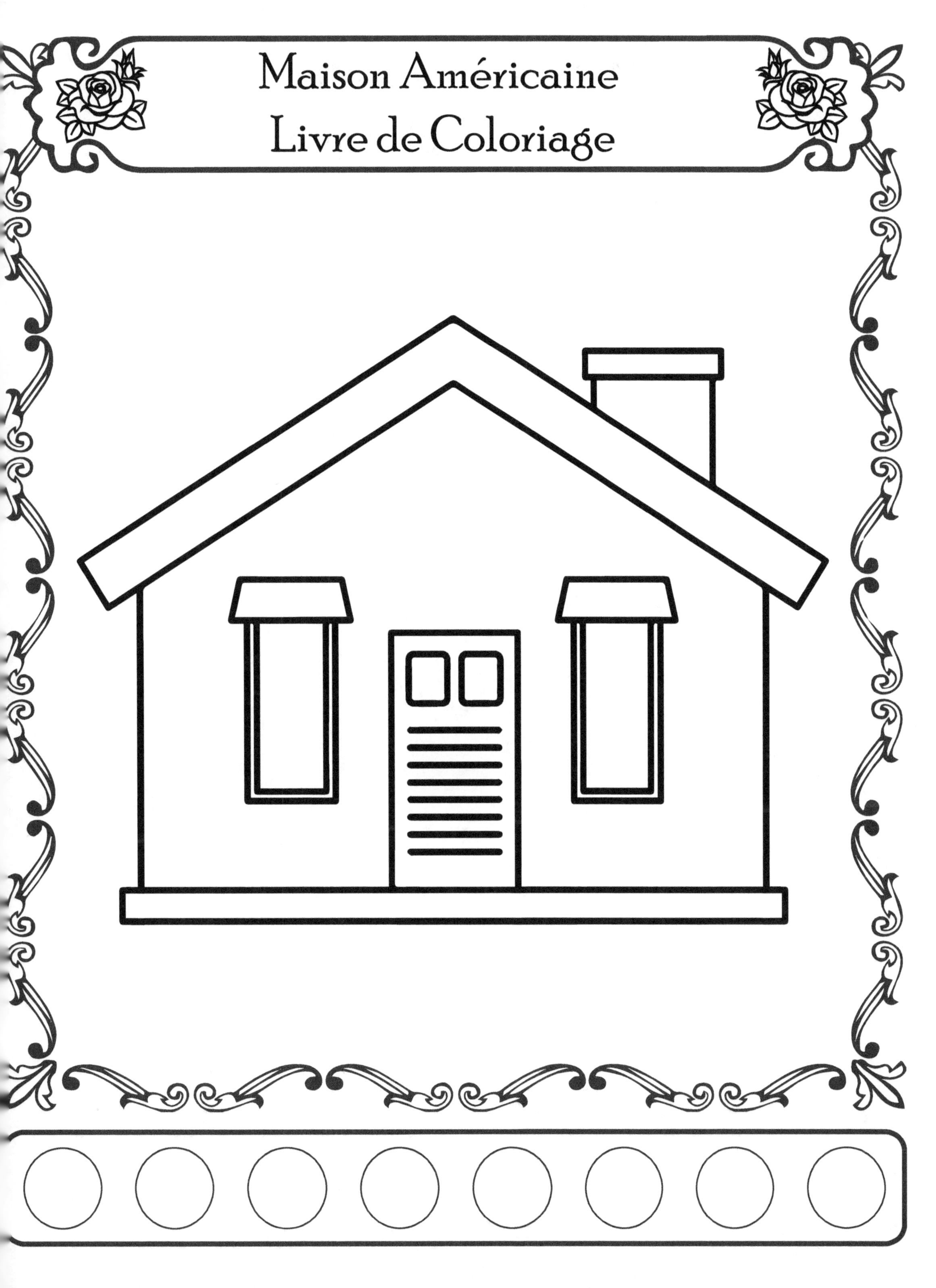

Maison Américaine
Livre de Coloriage

Maison Américaine
Livre de Coloriage

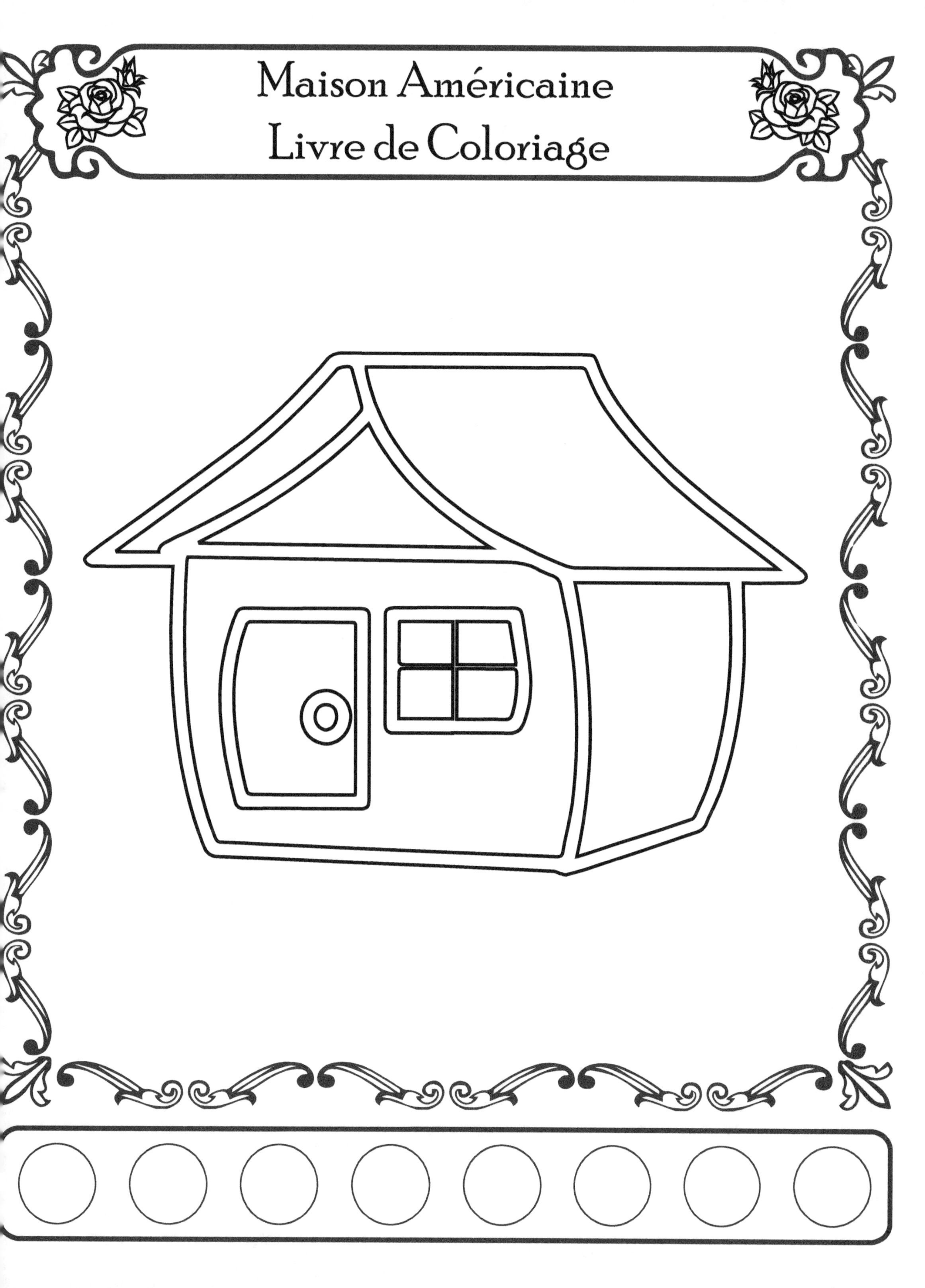

Maison Américaine
Livre de Coloriage

Maison Américaine
Livre de Coloriage

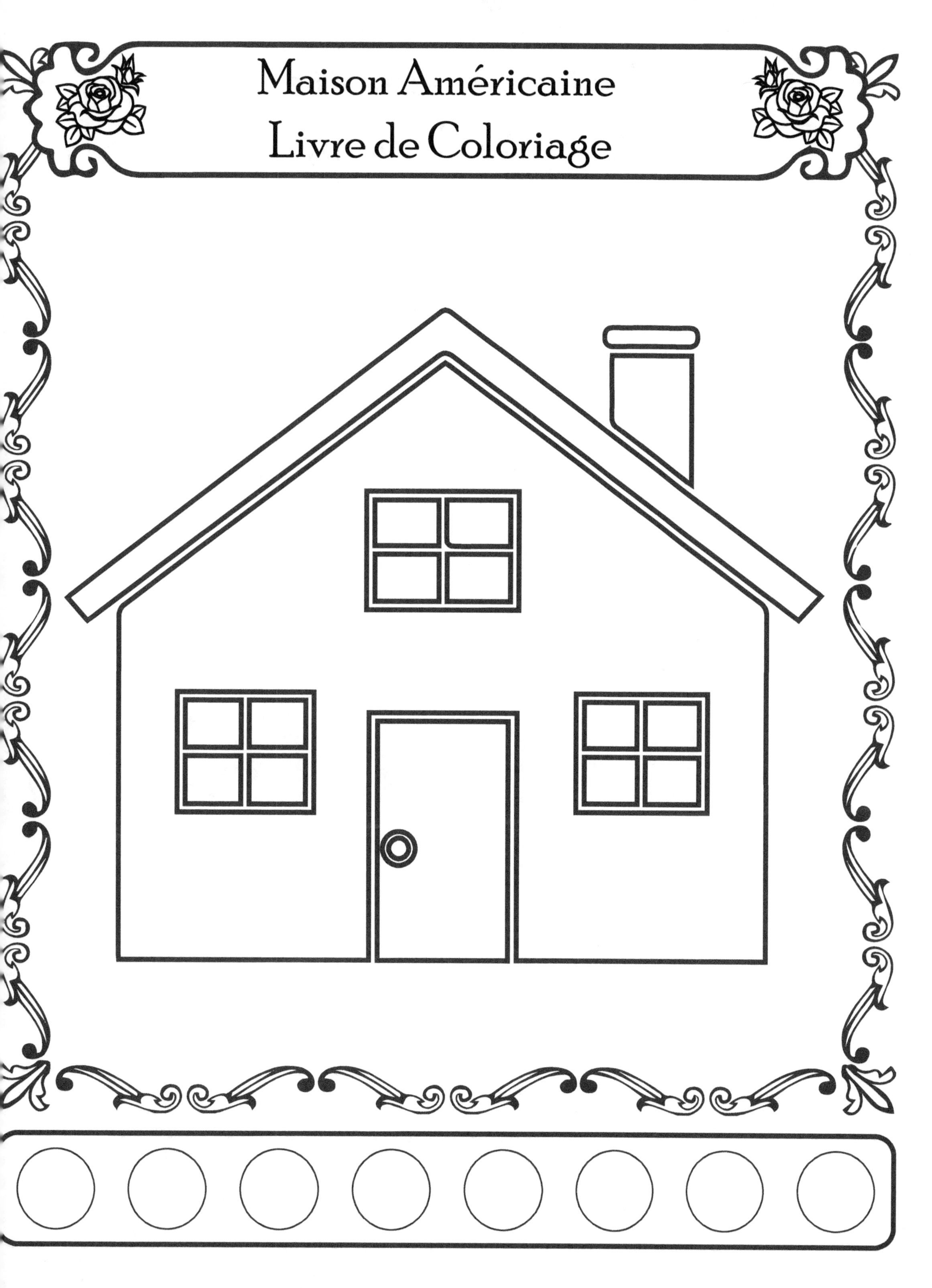

Maison Américaine
Livre de Coloriage

Maison Américaine
Livre de Coloriage

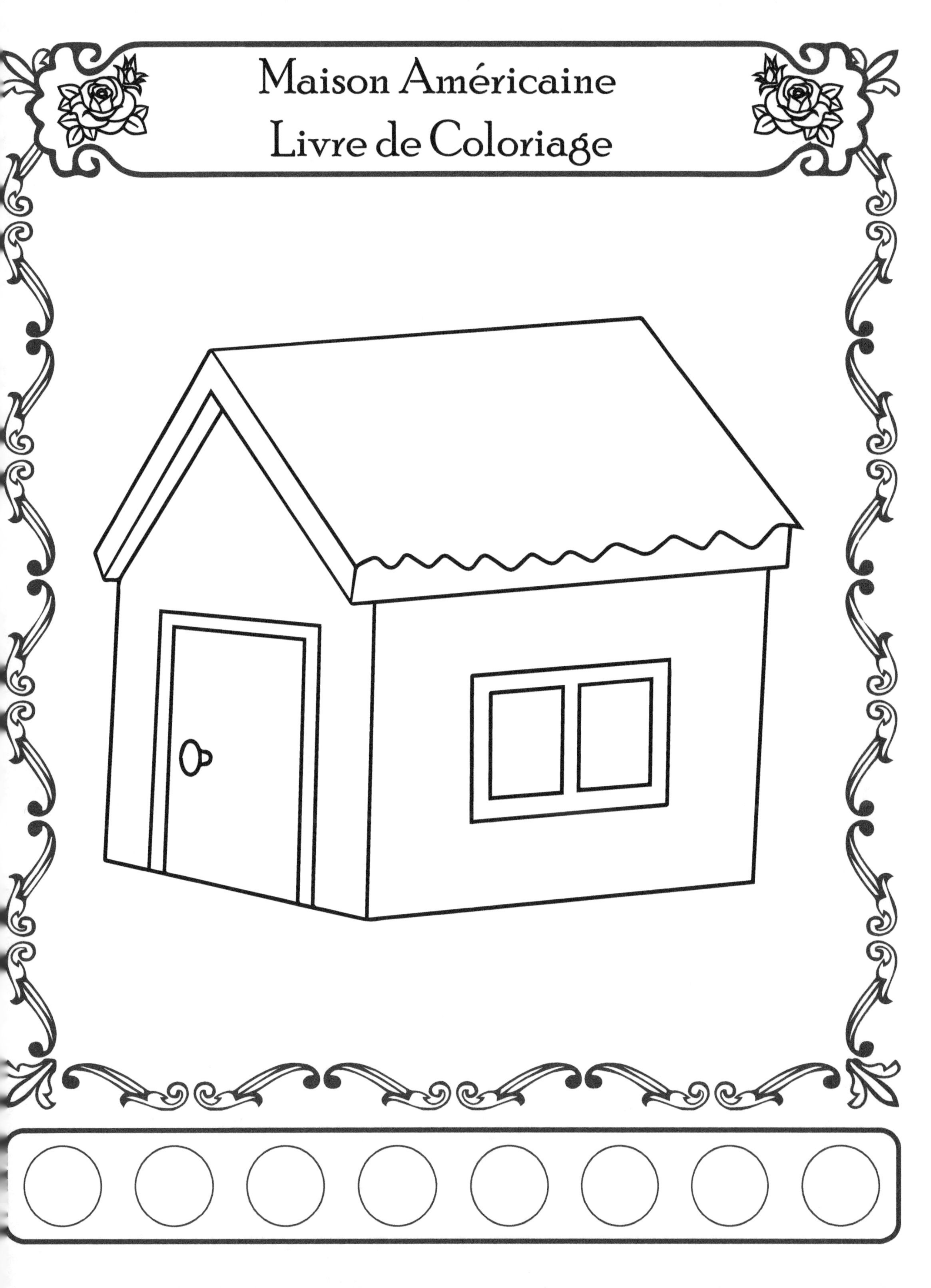

Maison Américaine
Livre de Coloriage

Maison Américaine
Livre de Coloriage

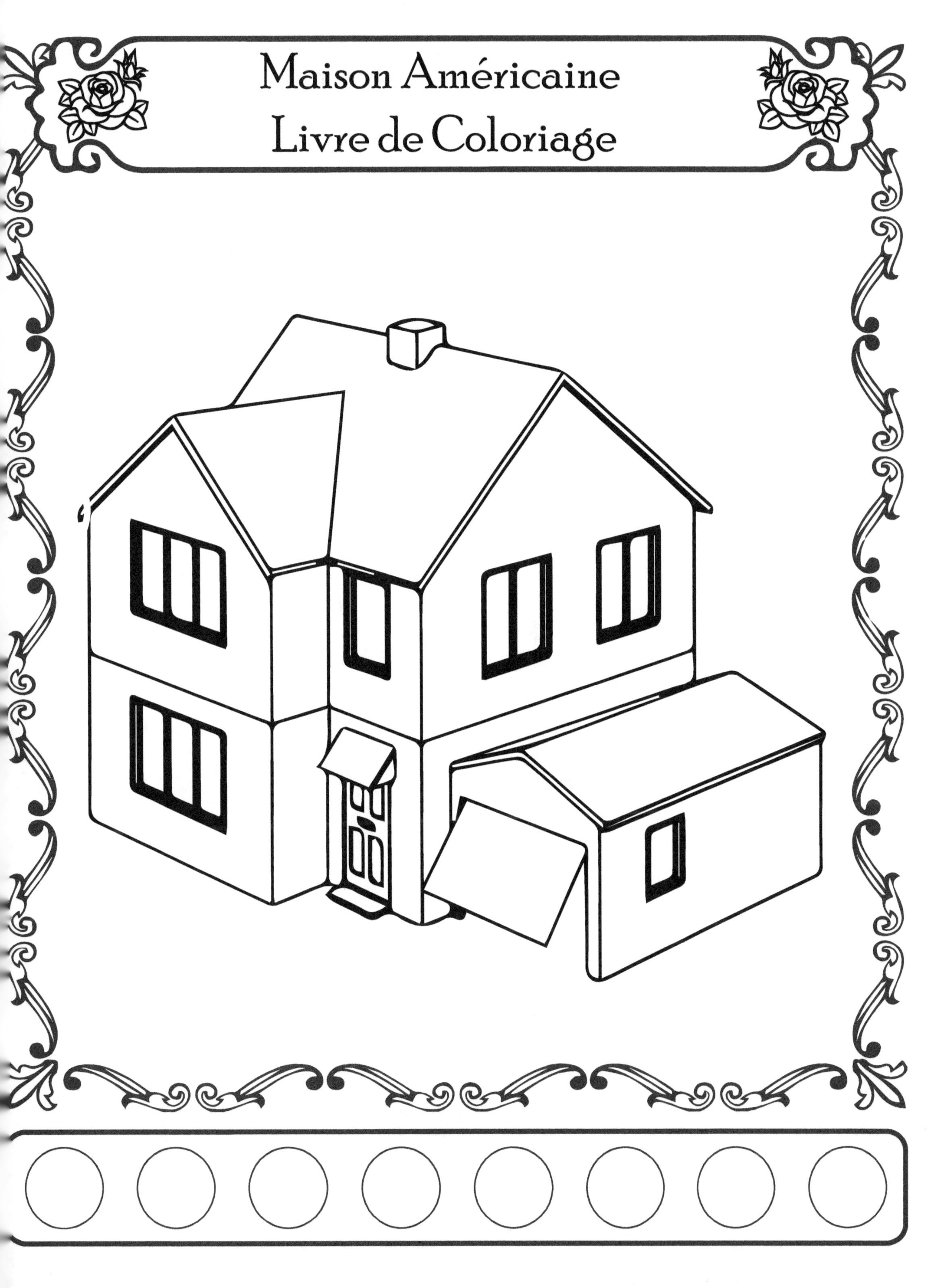

Maison Américaine
Livre de Coloriage

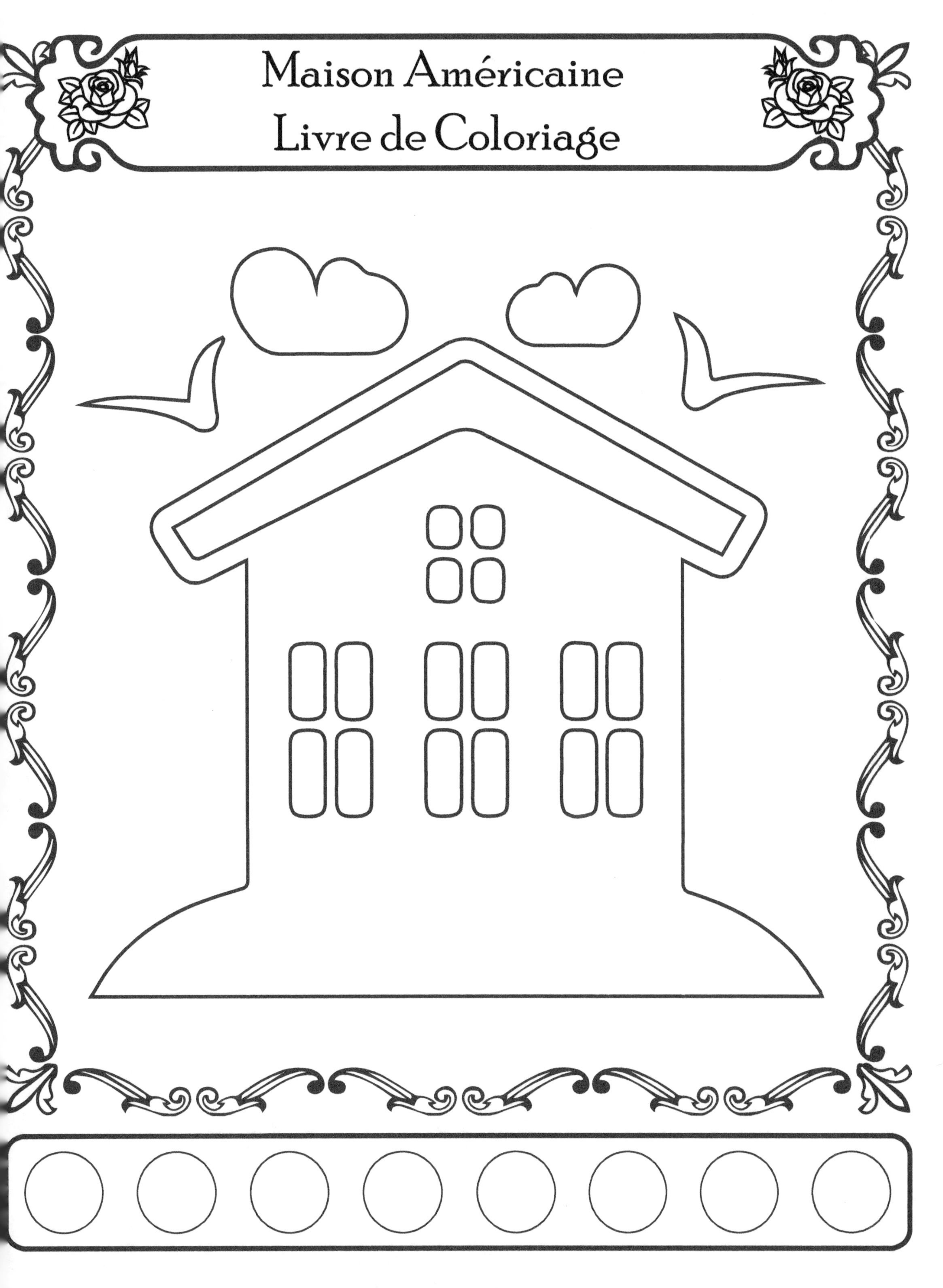

Maison Américaine
Livre de Coloriage

Maison Américaine
Livre de Coloriage

Maison Américaine
Livre de Coloriage

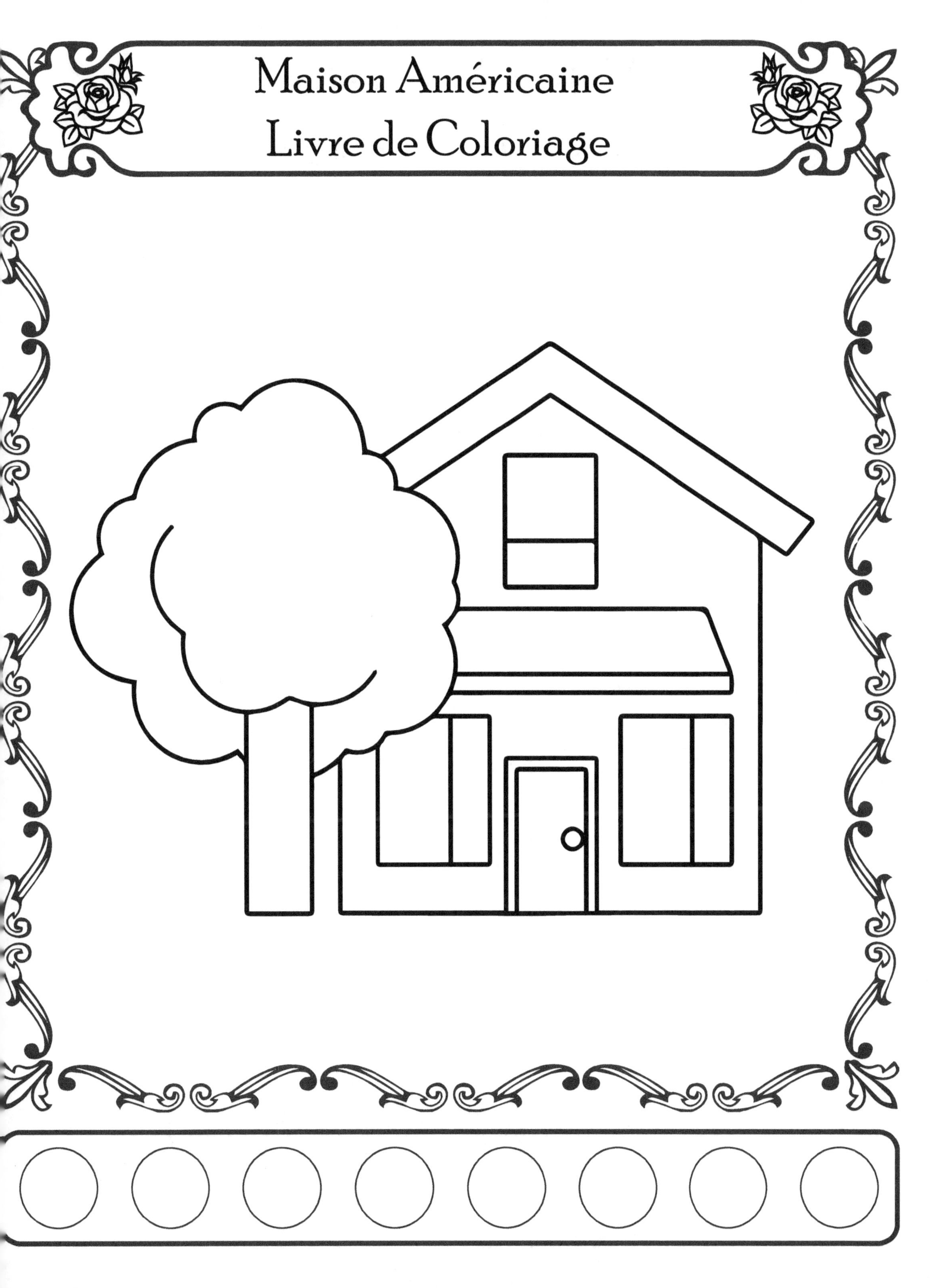

Maison Américaine
Livre de Coloriage

Maison Américaine
Livre de Coloriage

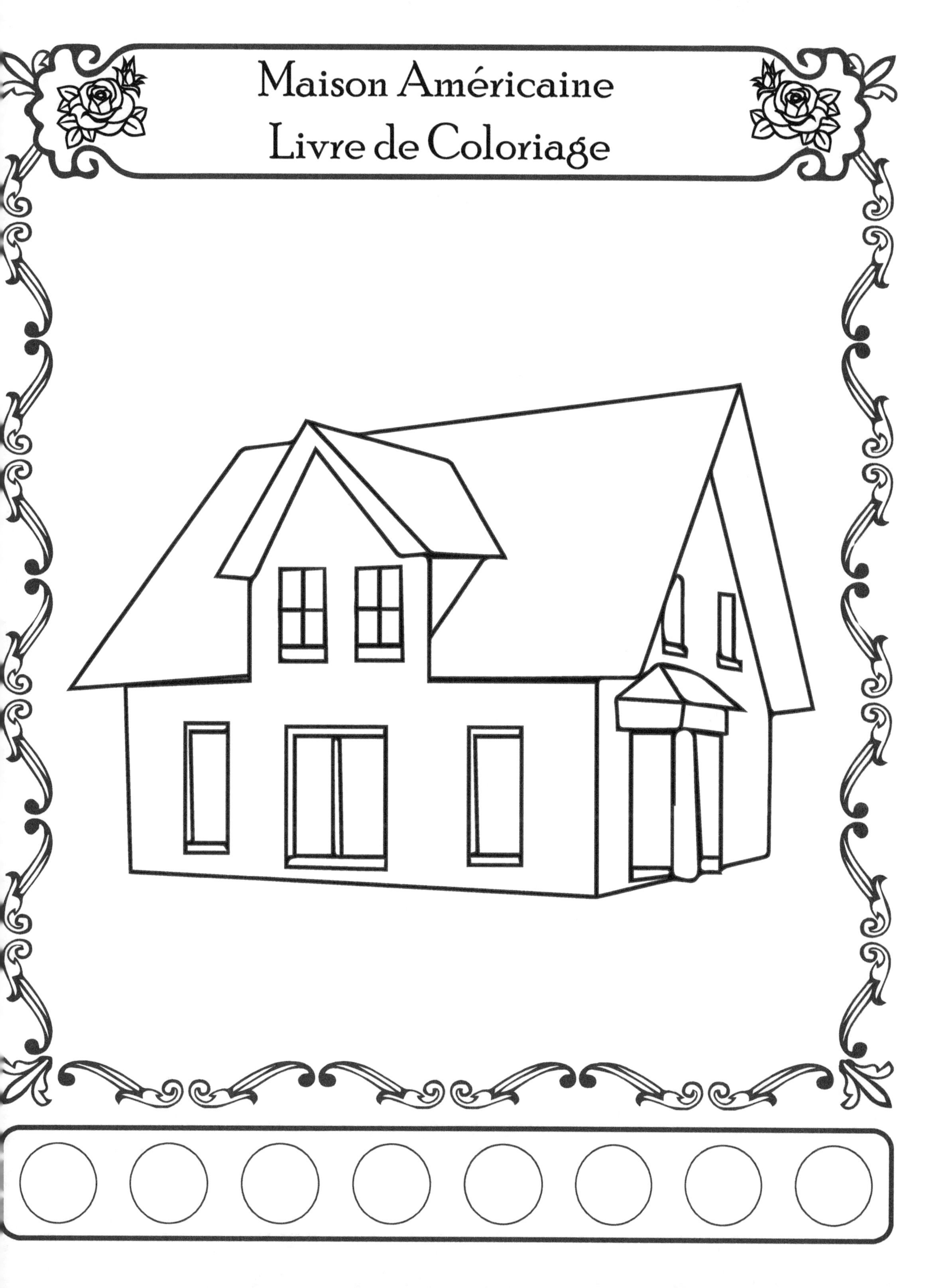

Maison Américaine
Livre de Coloriage

Maison Américaine
Livre de Coloriage

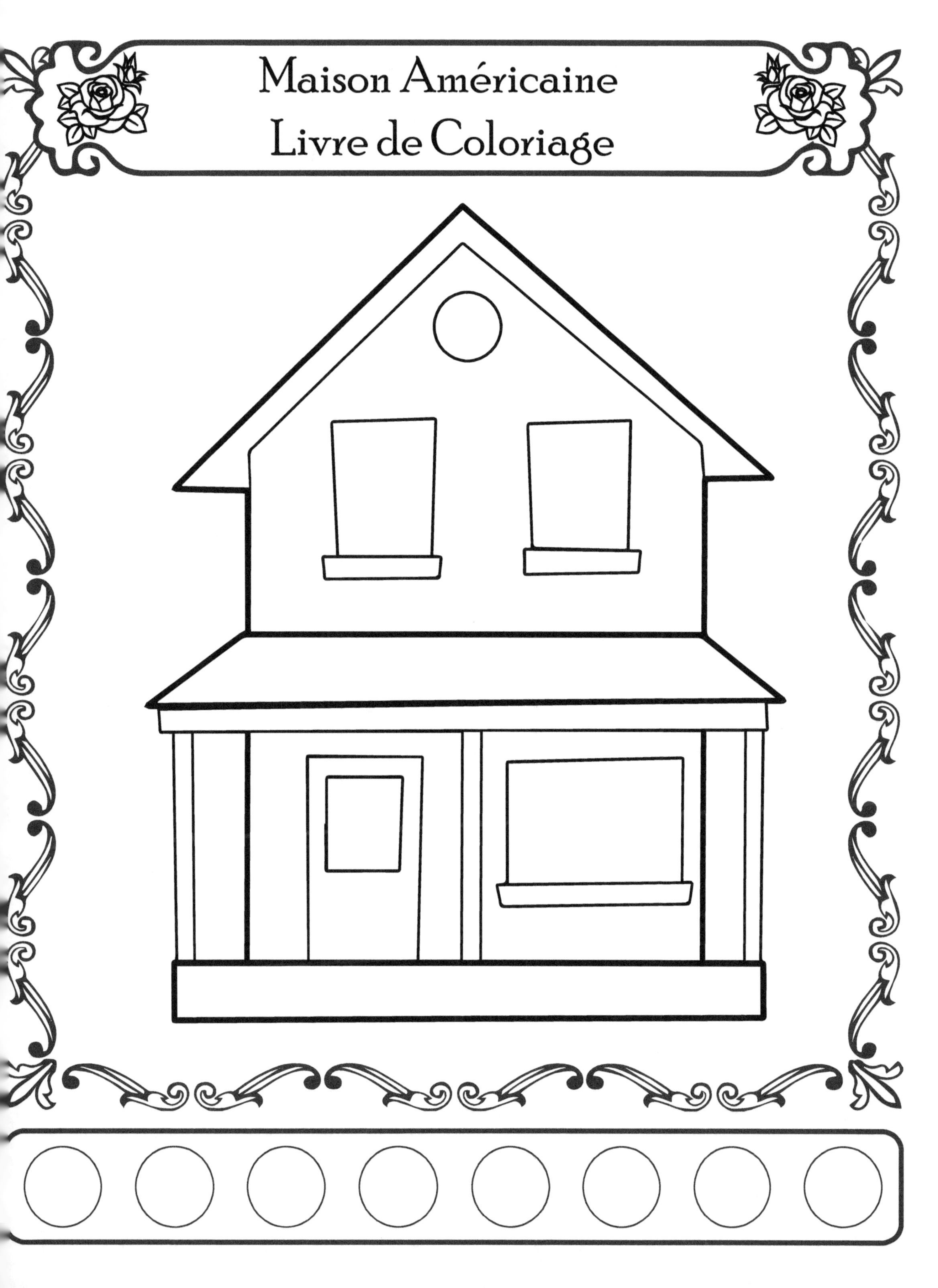

Maison Américaine
Livre de Coloriage

Maison Américaine
Livre de Coloriage

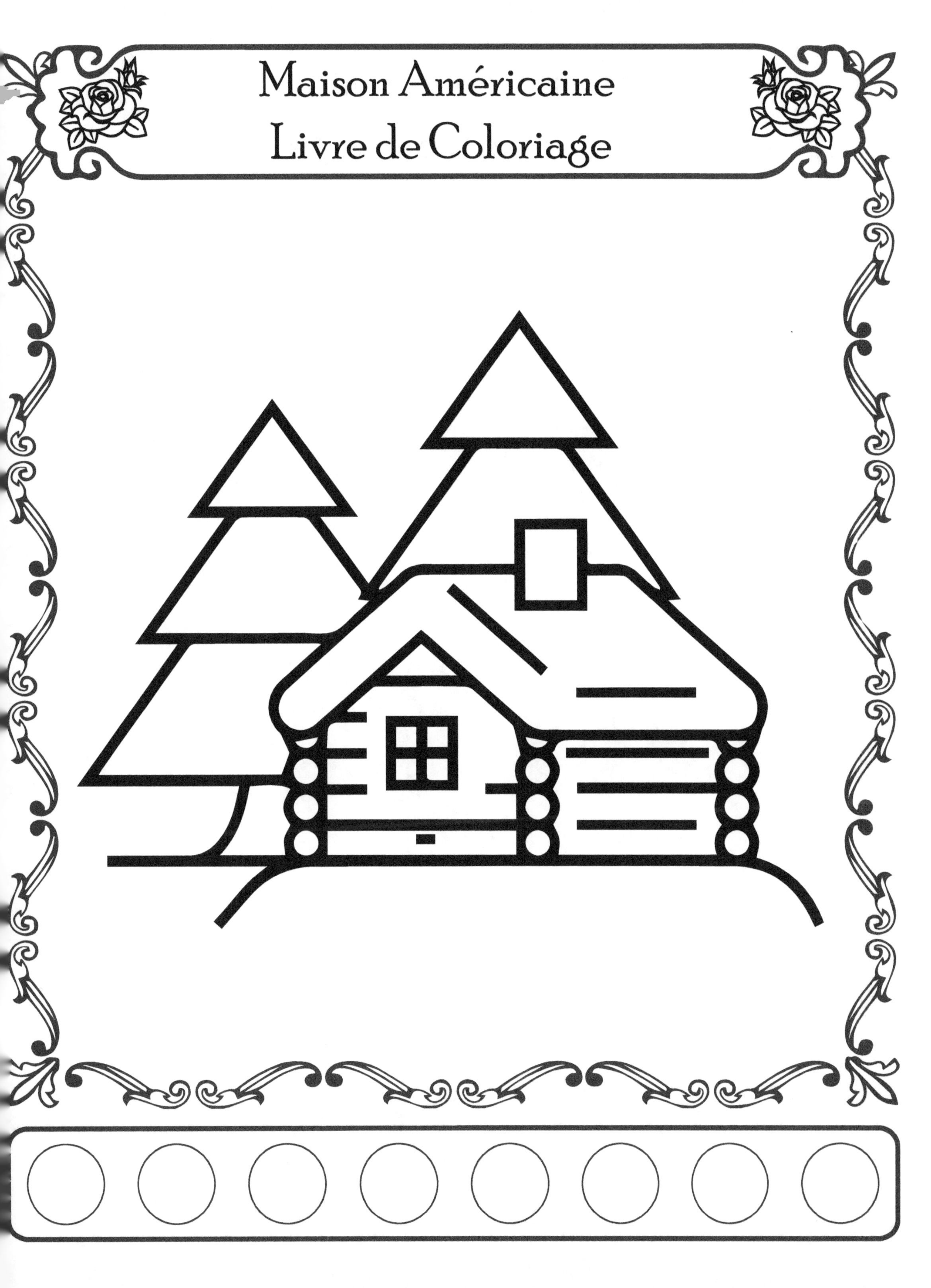

Maison Américaine
Livre de Coloriage

Maison Américaine
Livre de Coloriage

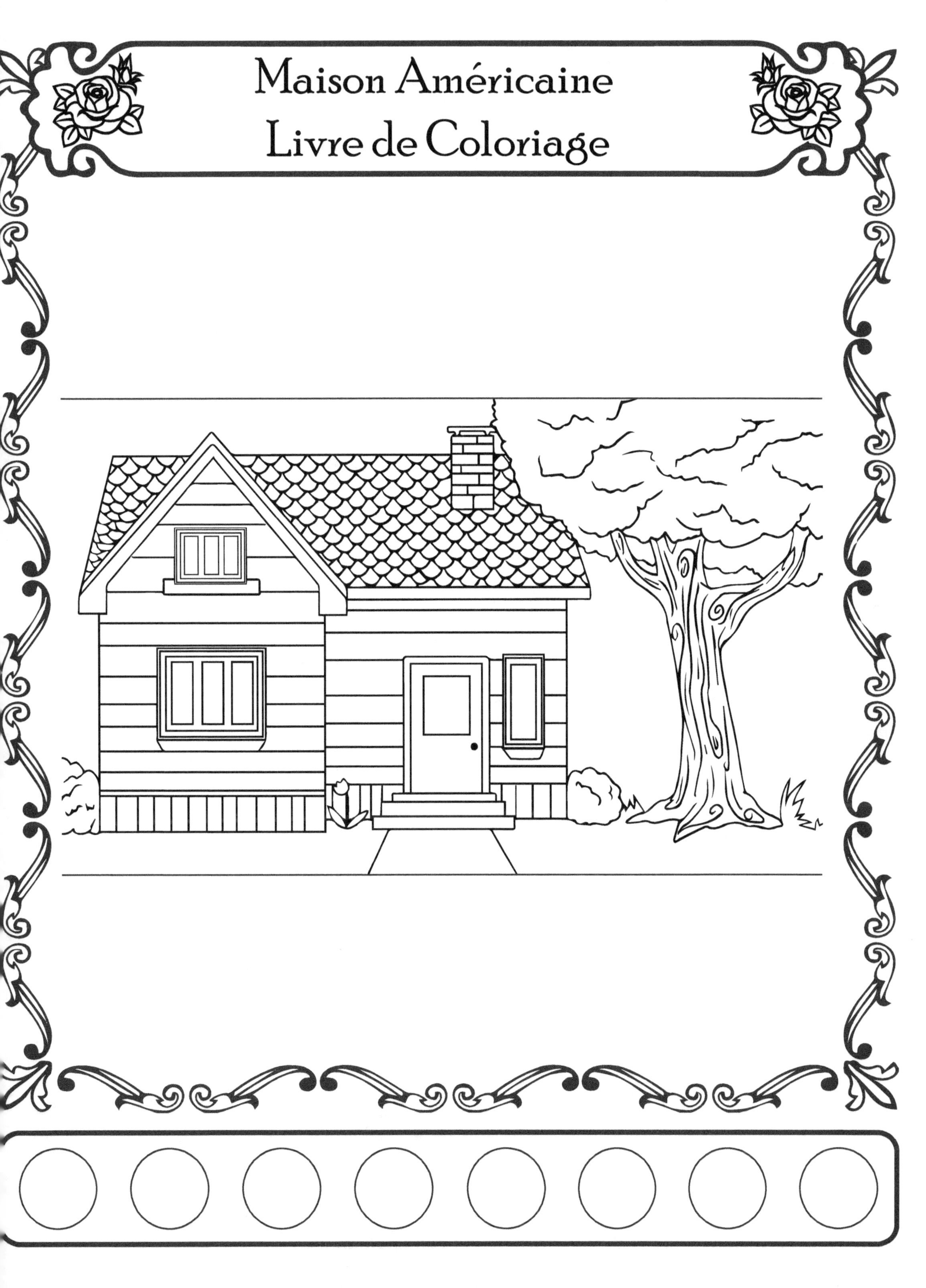

Maison Américaine
Livre de Coloriage

Maison Américaine
Livre de Coloriage

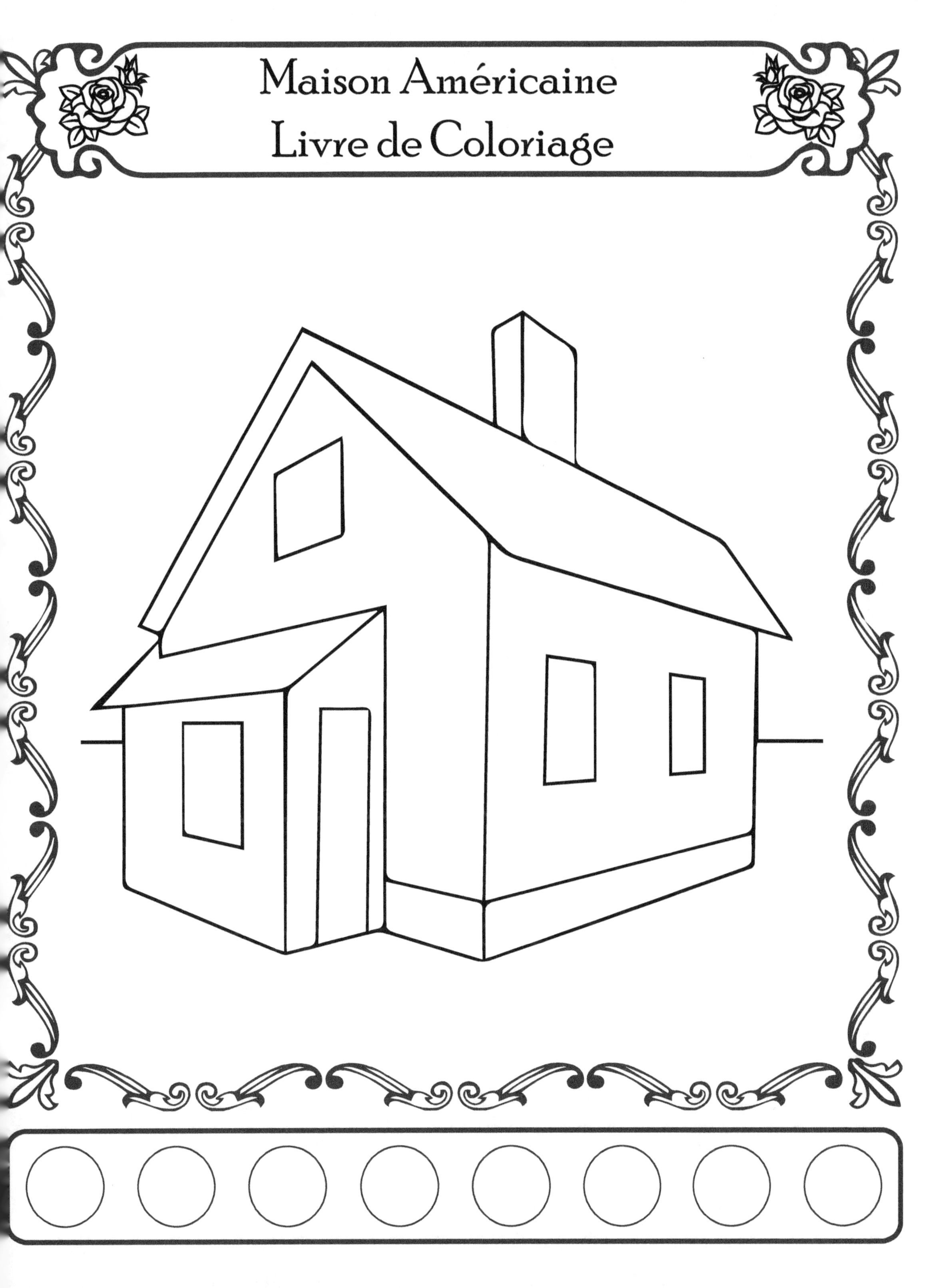

Maison Américaine
Livre de Coloriage

Maison Américaine
Livre de Coloriage

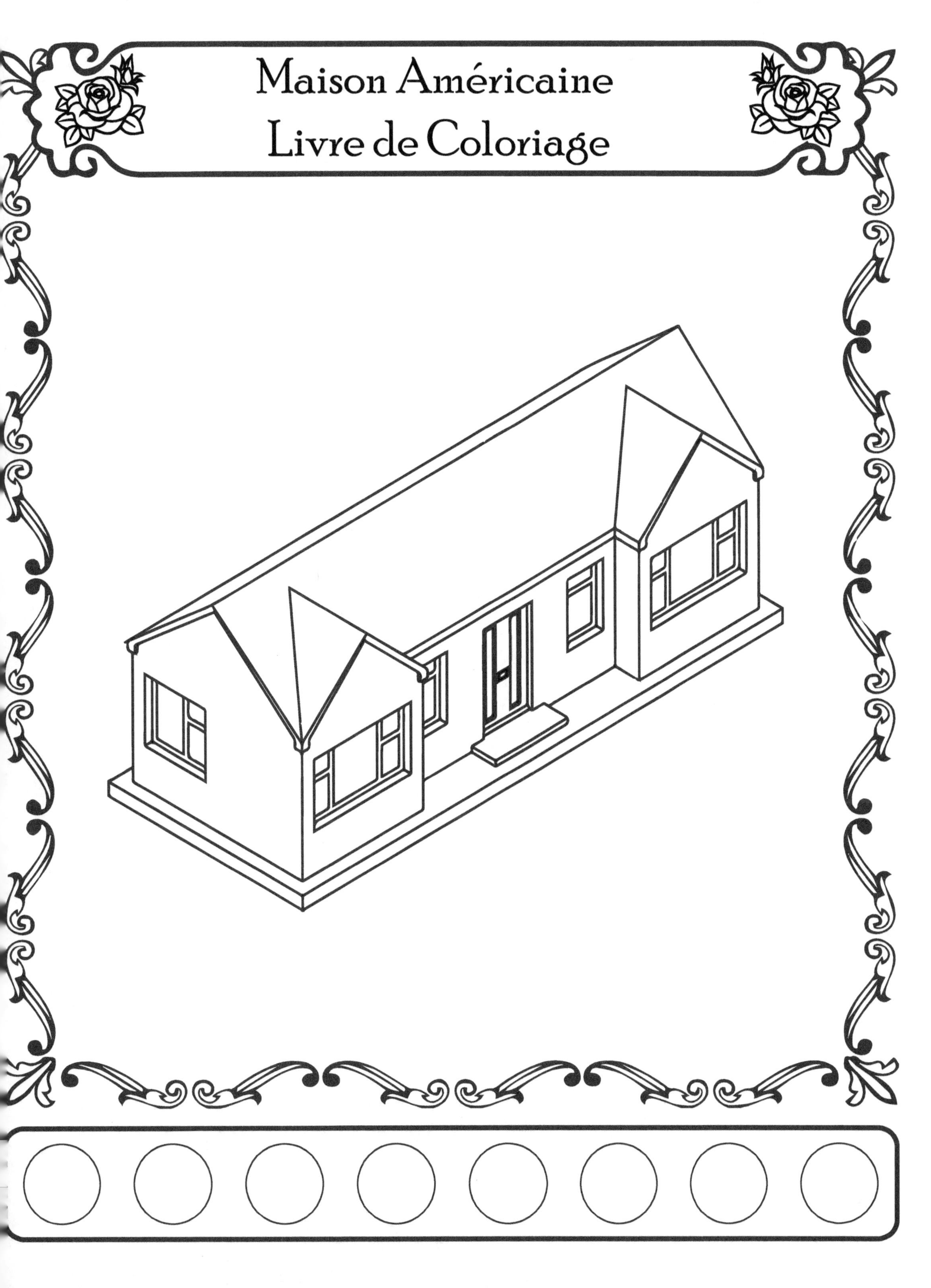

Maison Américaine
Livre de Coloriage

Maison Américaine
Livre de Coloriage

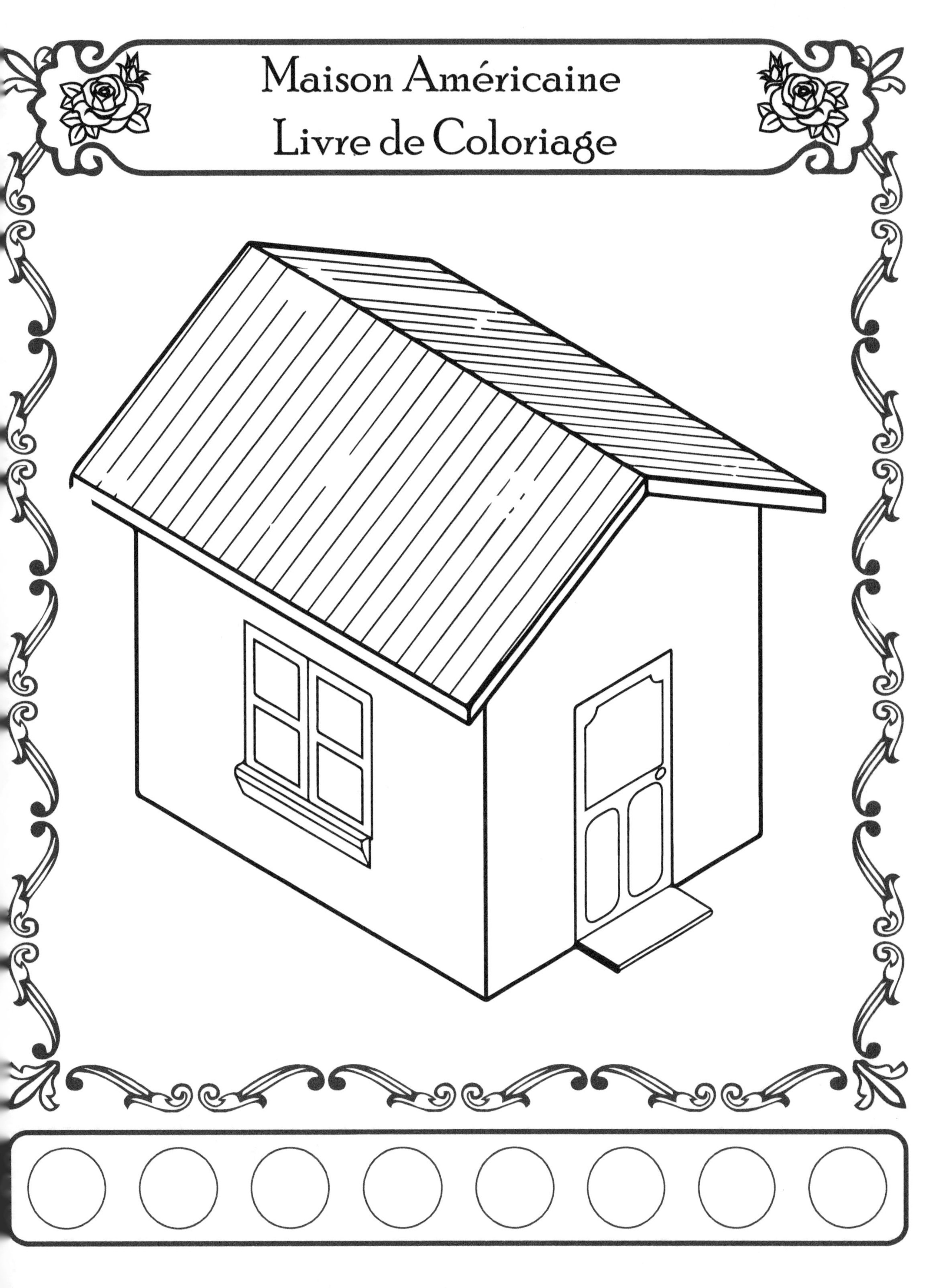

Maison Américaine
Livre de Coloriage

Maison Américaine
Livre de Coloriage

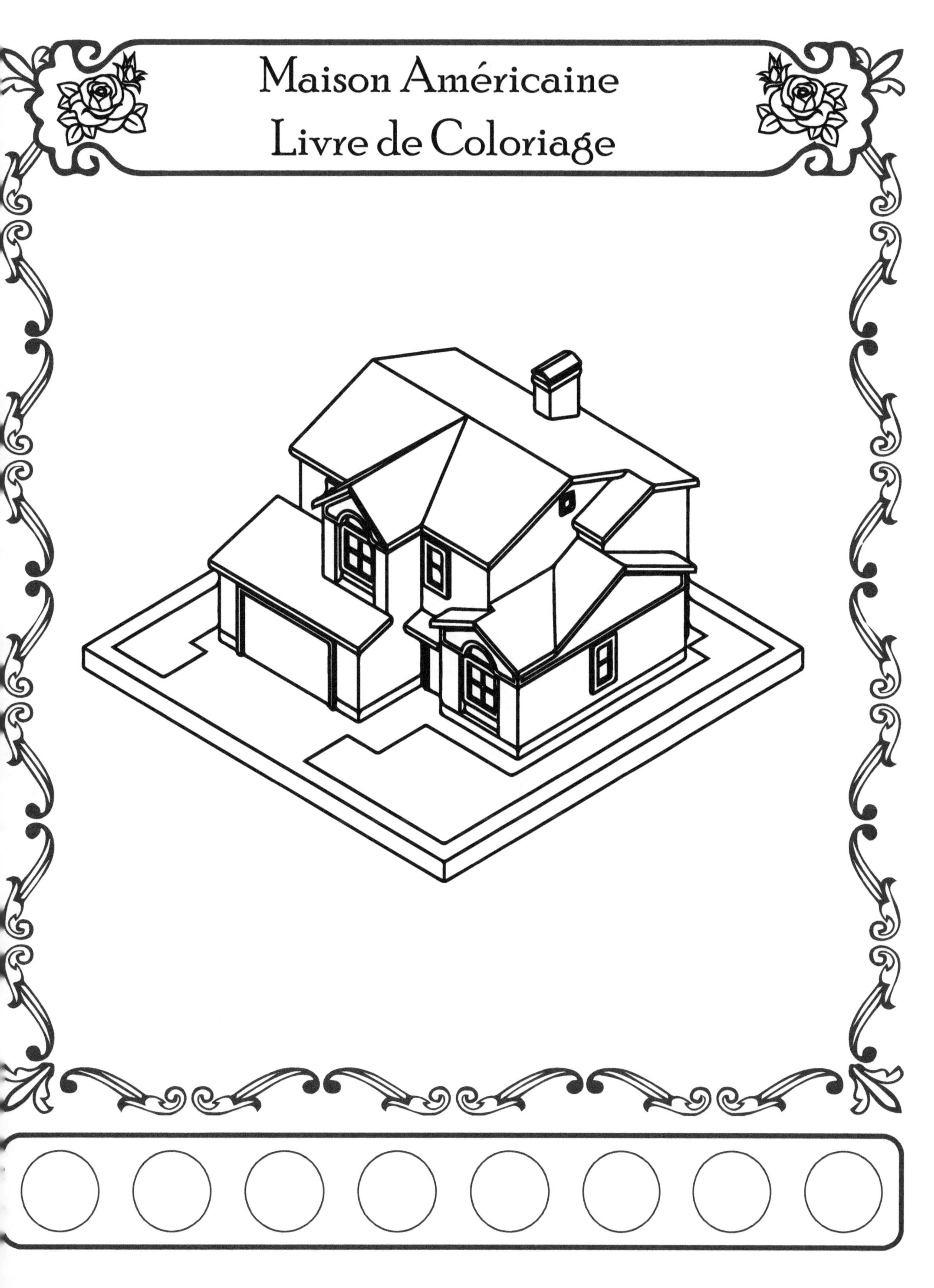

Maison Américaine
Livre de Coloriage

Maison Américaine
Livre de Coloriage

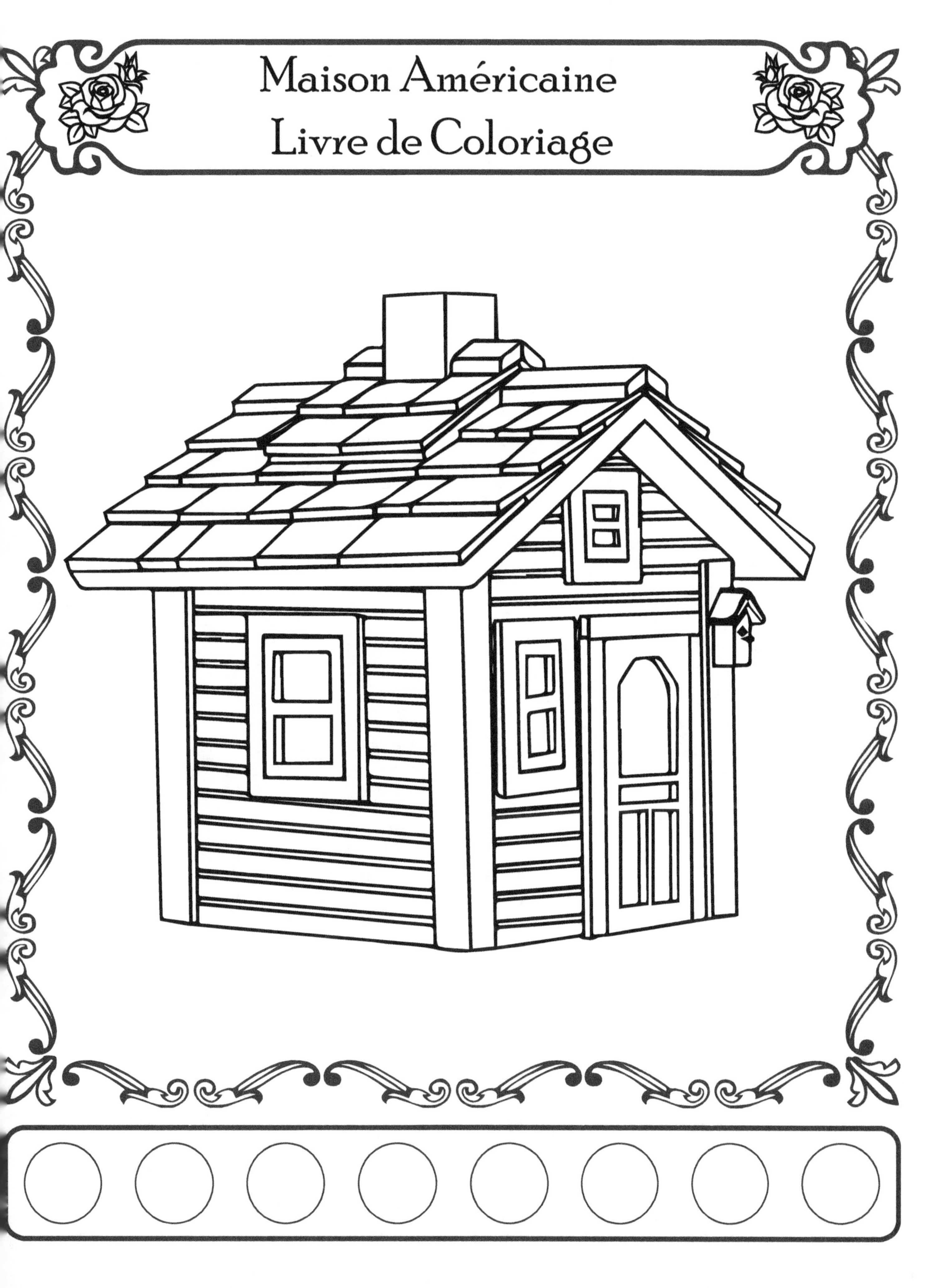

Maison Américaine
Livre de Coloriage

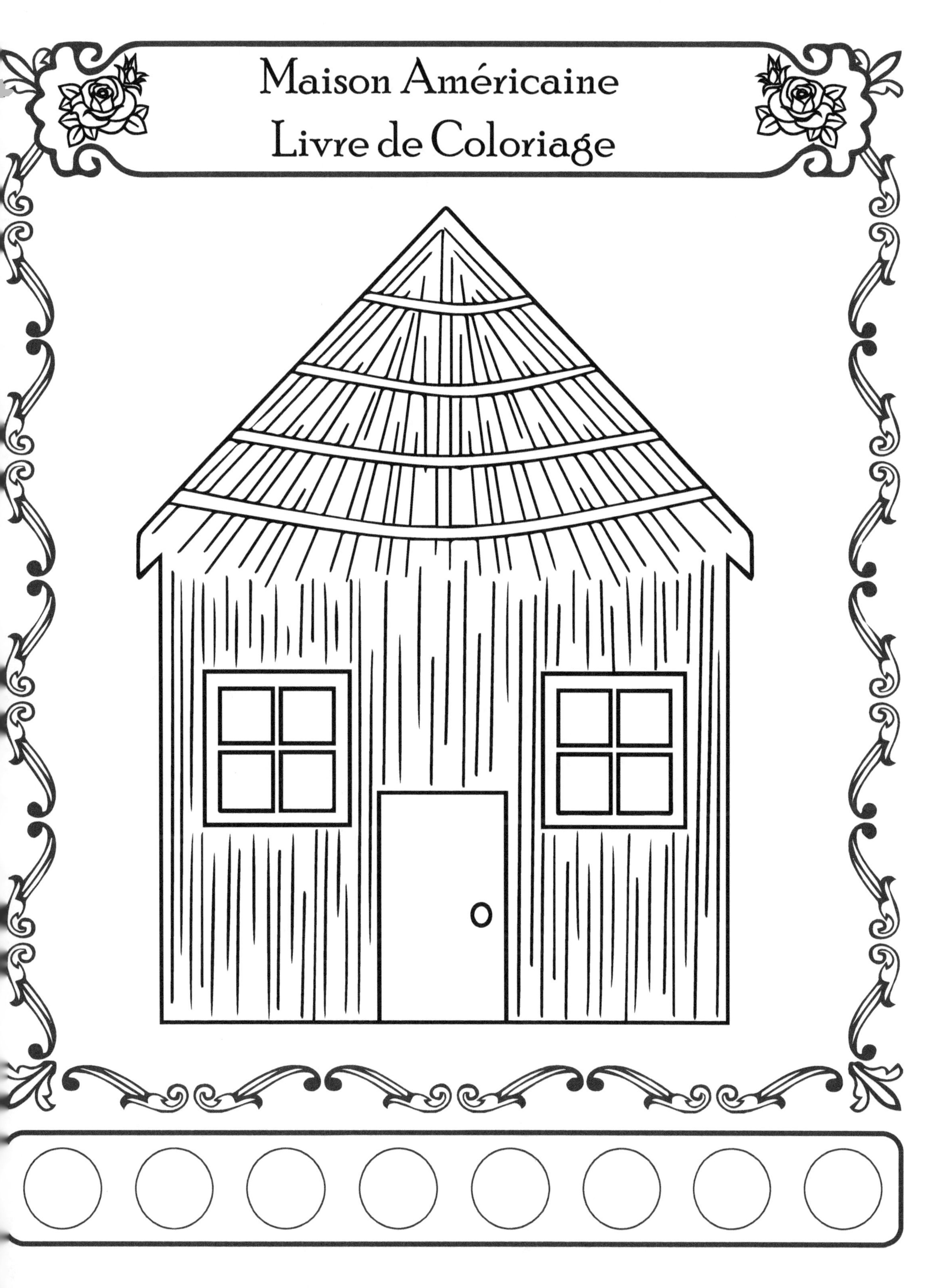

Maison Américaine
Livre de Coloriage

Maison Américaine
Livre de Coloriage

Maison Américaine
Livre de Coloriage

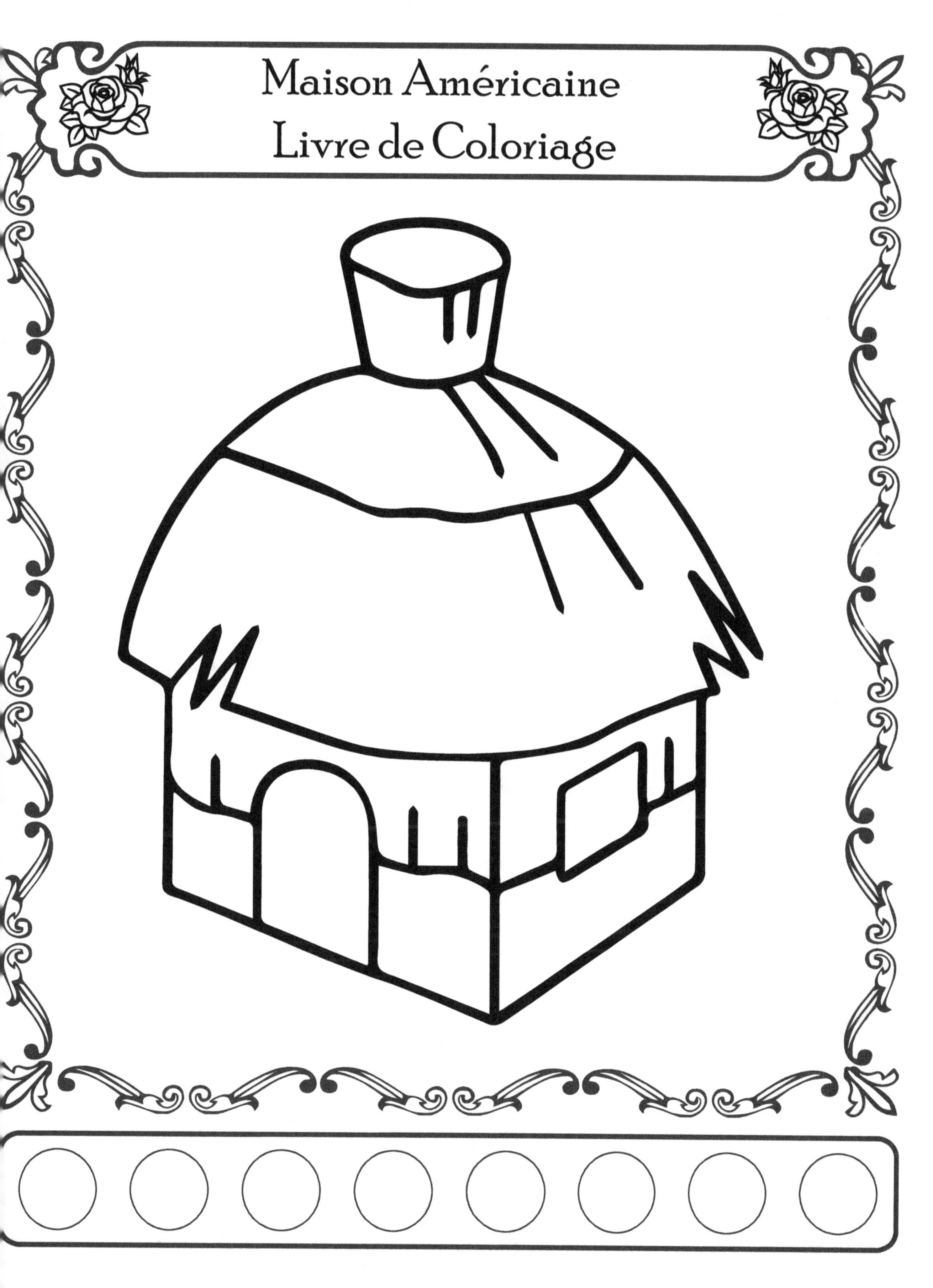

Maison Américaine
Livre de Coloriage

Maison Américaine
Livre de Coloriage

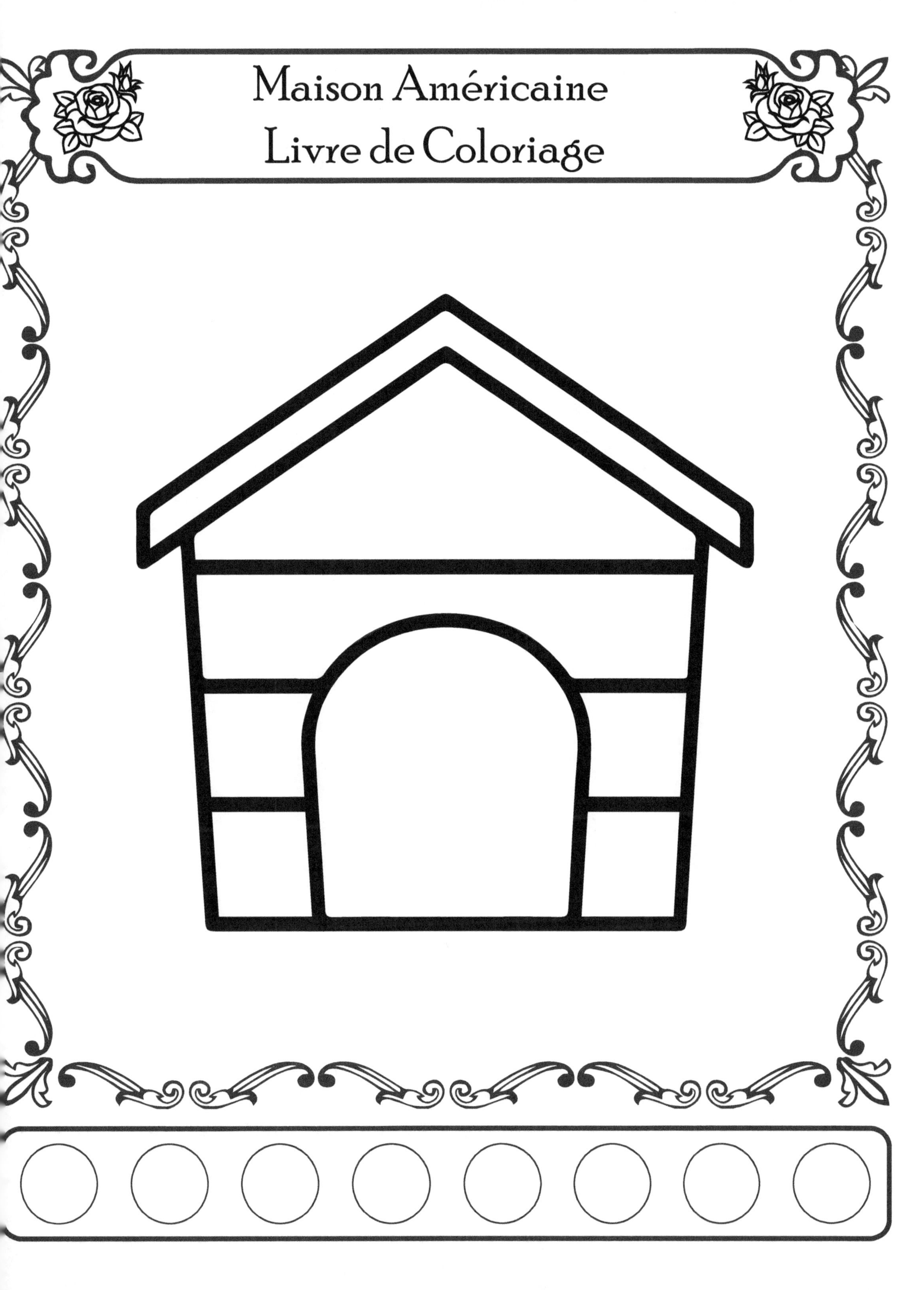

Maison Américaine
Livre de Coloriage

Maison Américaine
Livre de Coloriage

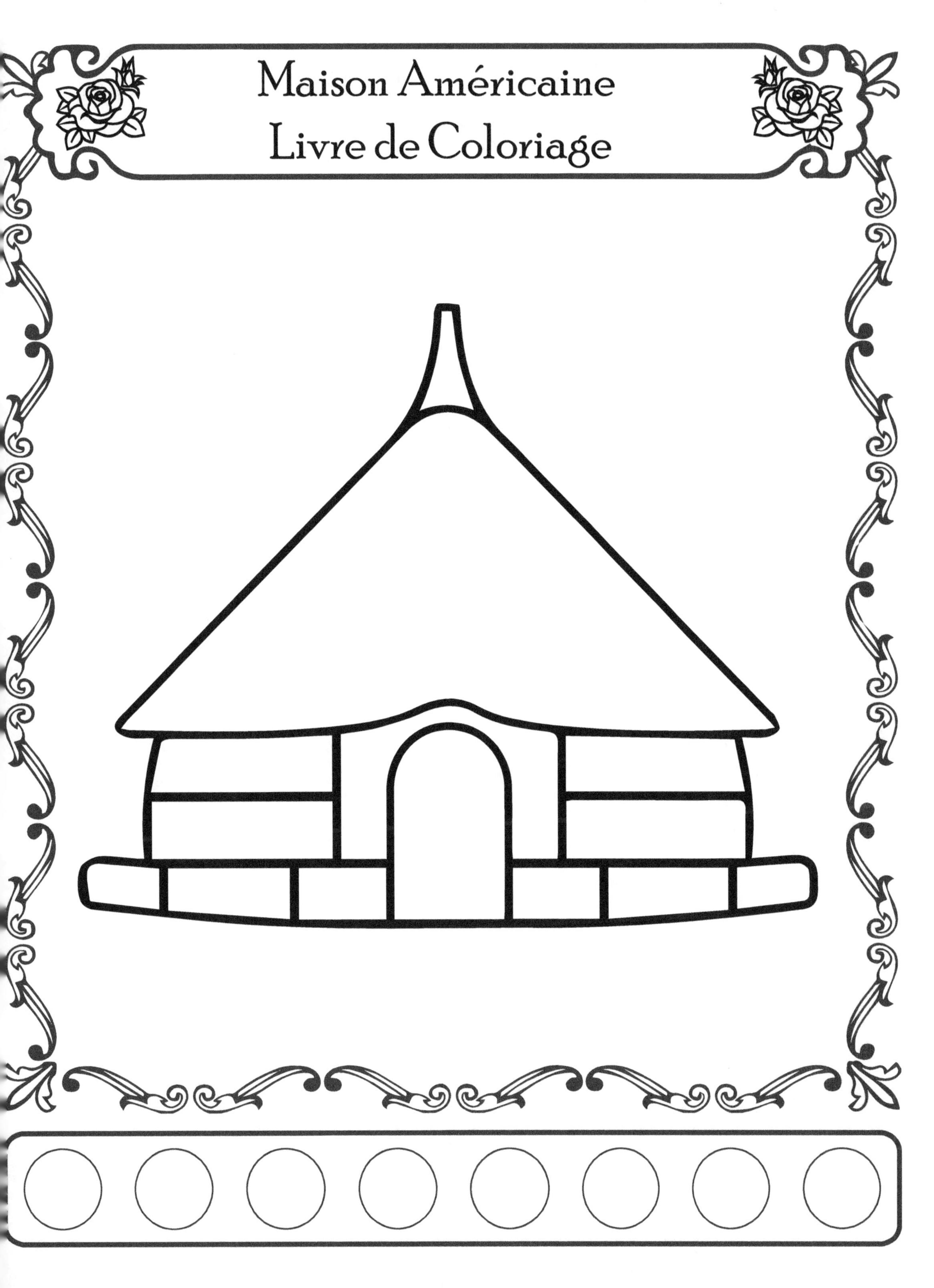

Maison Américaine
Livre de Coloriage

Maison Américaine
Livre de Coloriage

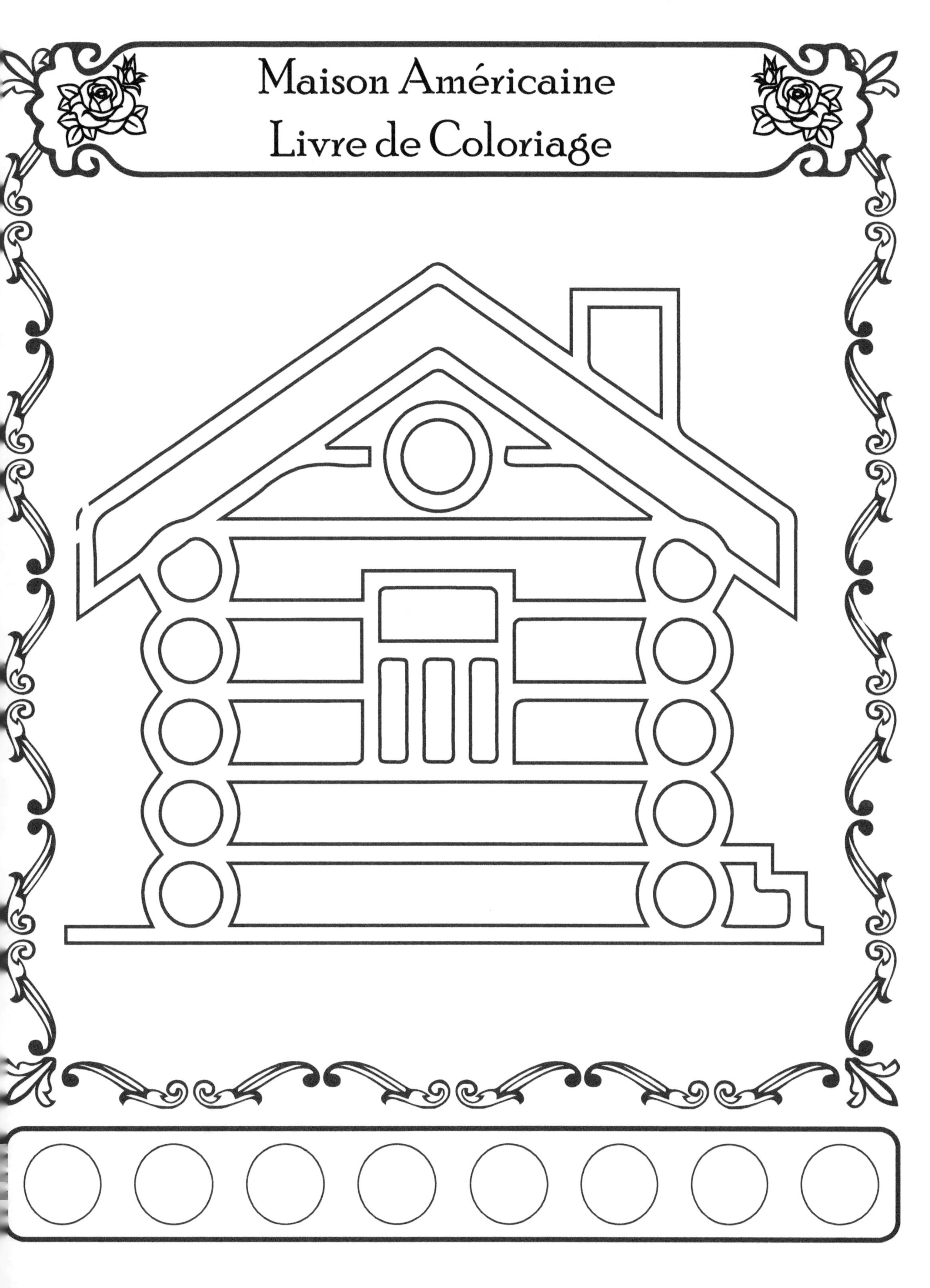

Maison Américaine
Livre de Coloriage

Maison Américaine
Livre de Coloriage

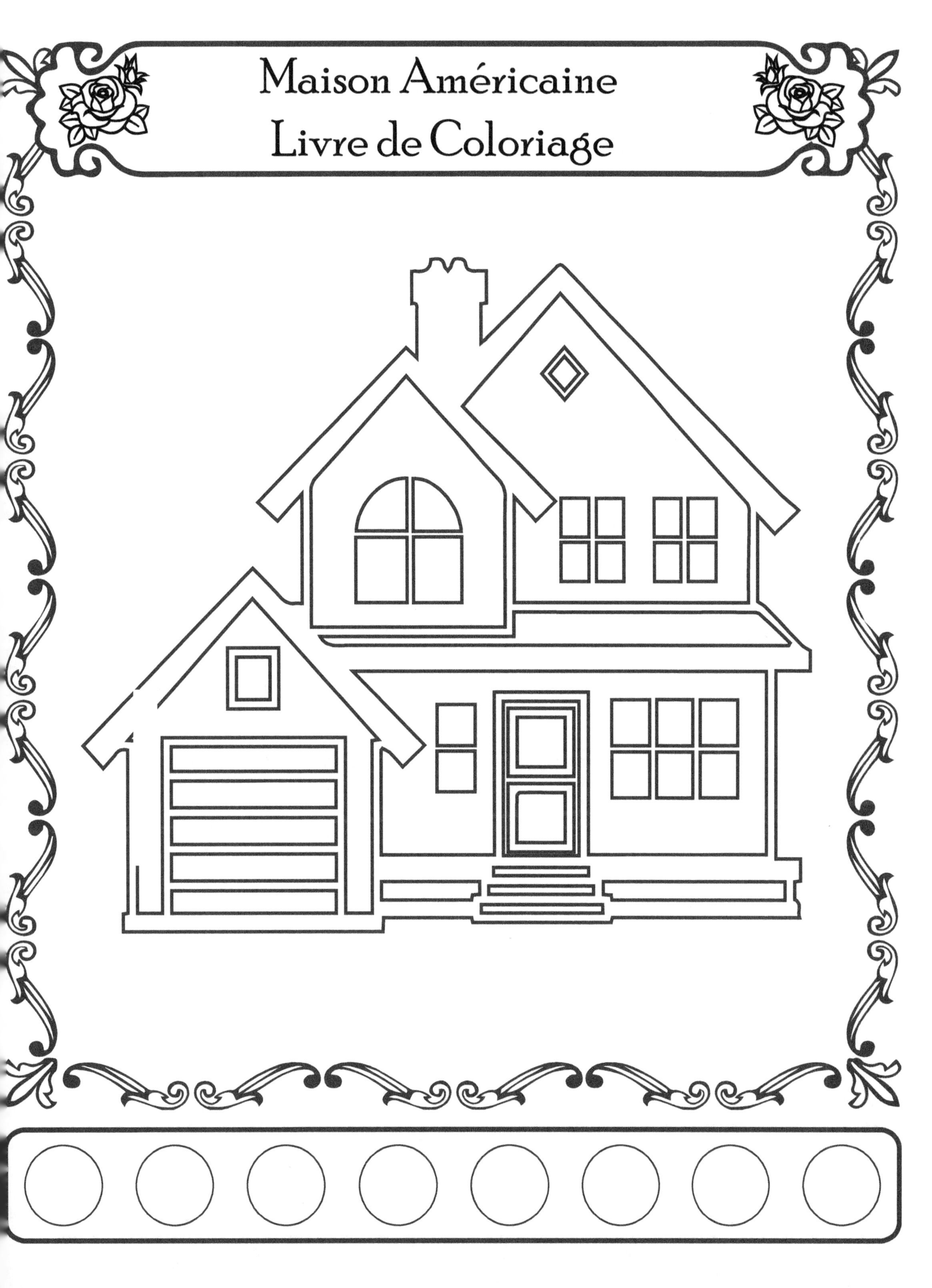

Maison Américaine
Livre de Coloriage

Maison Américaine
Livre de Coloriage

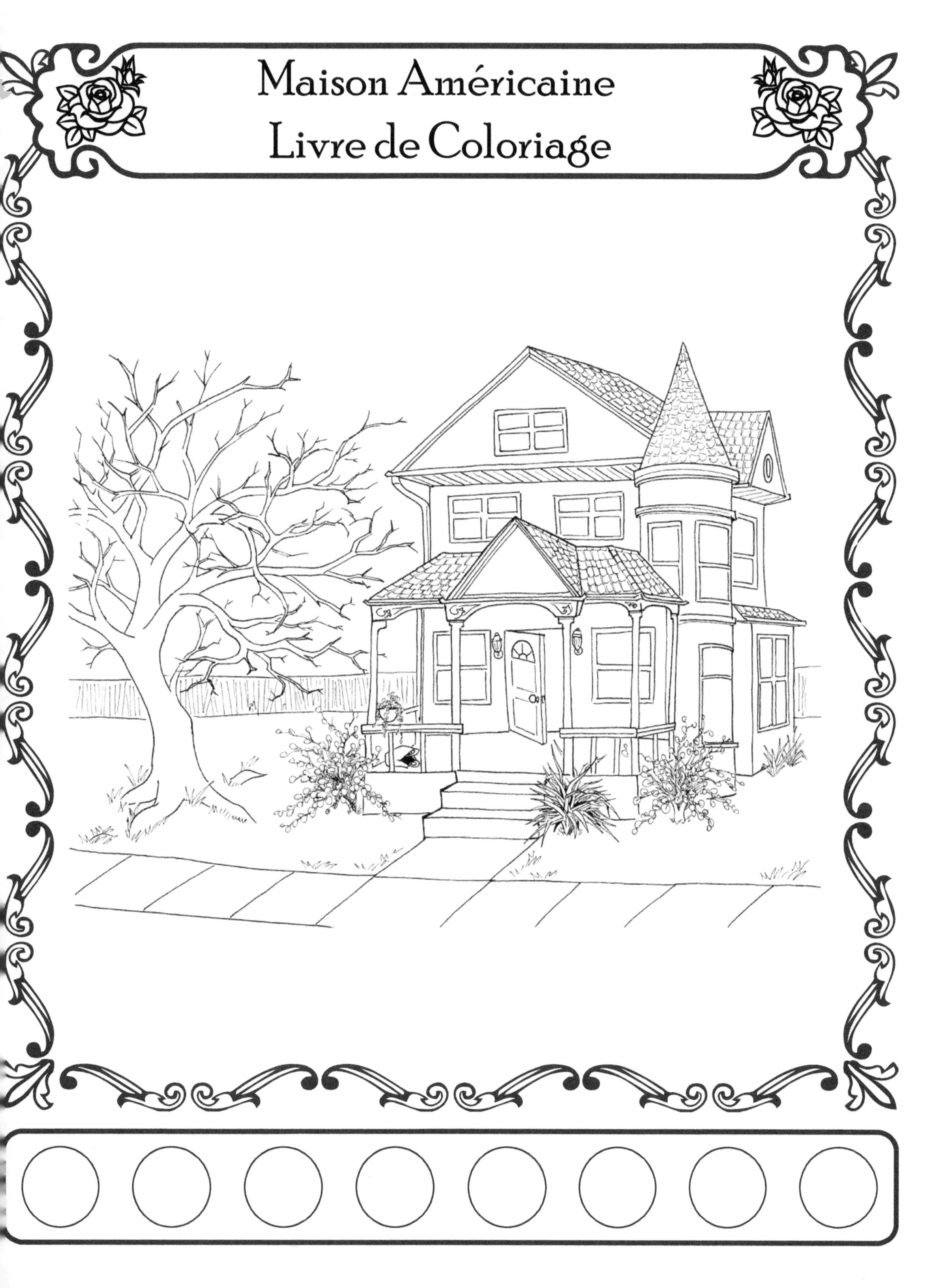

Maison Américaine
Livre de Coloriage

Maison Américaine
Livre de Coloriage

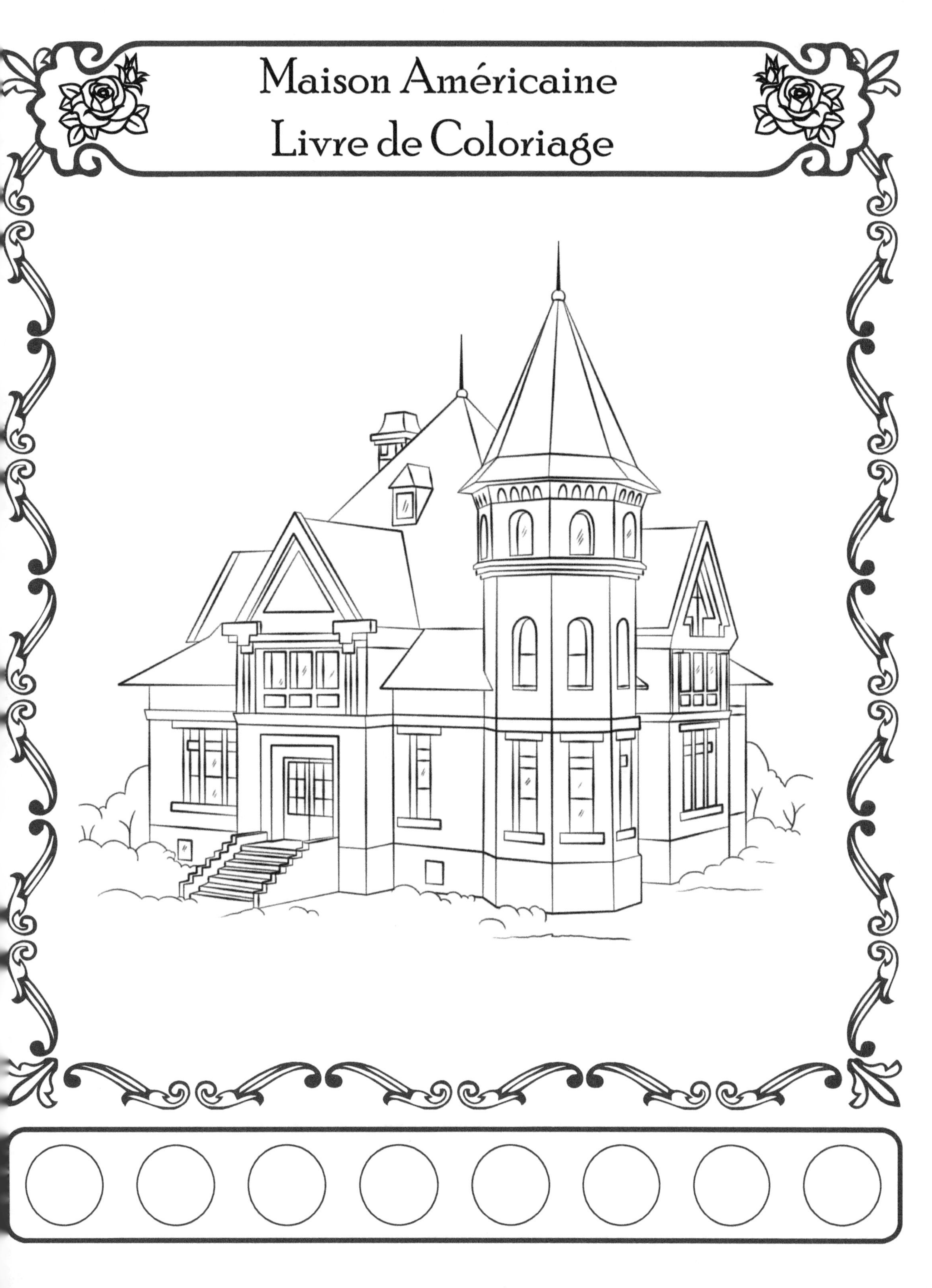

Maison Américaine
Livre de Coloriage

Maison Américaine
Livre de Coloriage

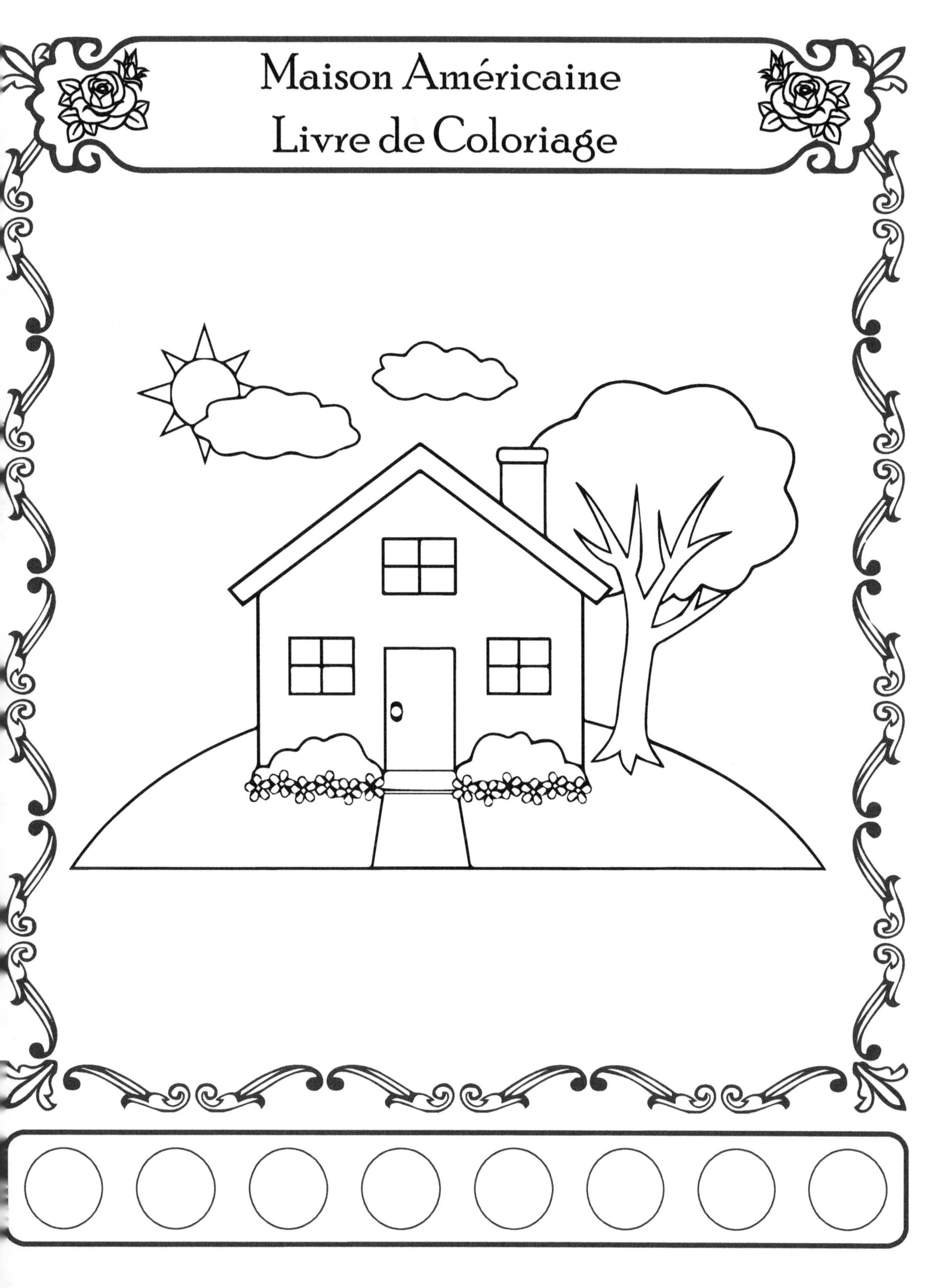

Maison Américaine
Livre de Coloriage

Maison Américaine
Livre de Coloriage

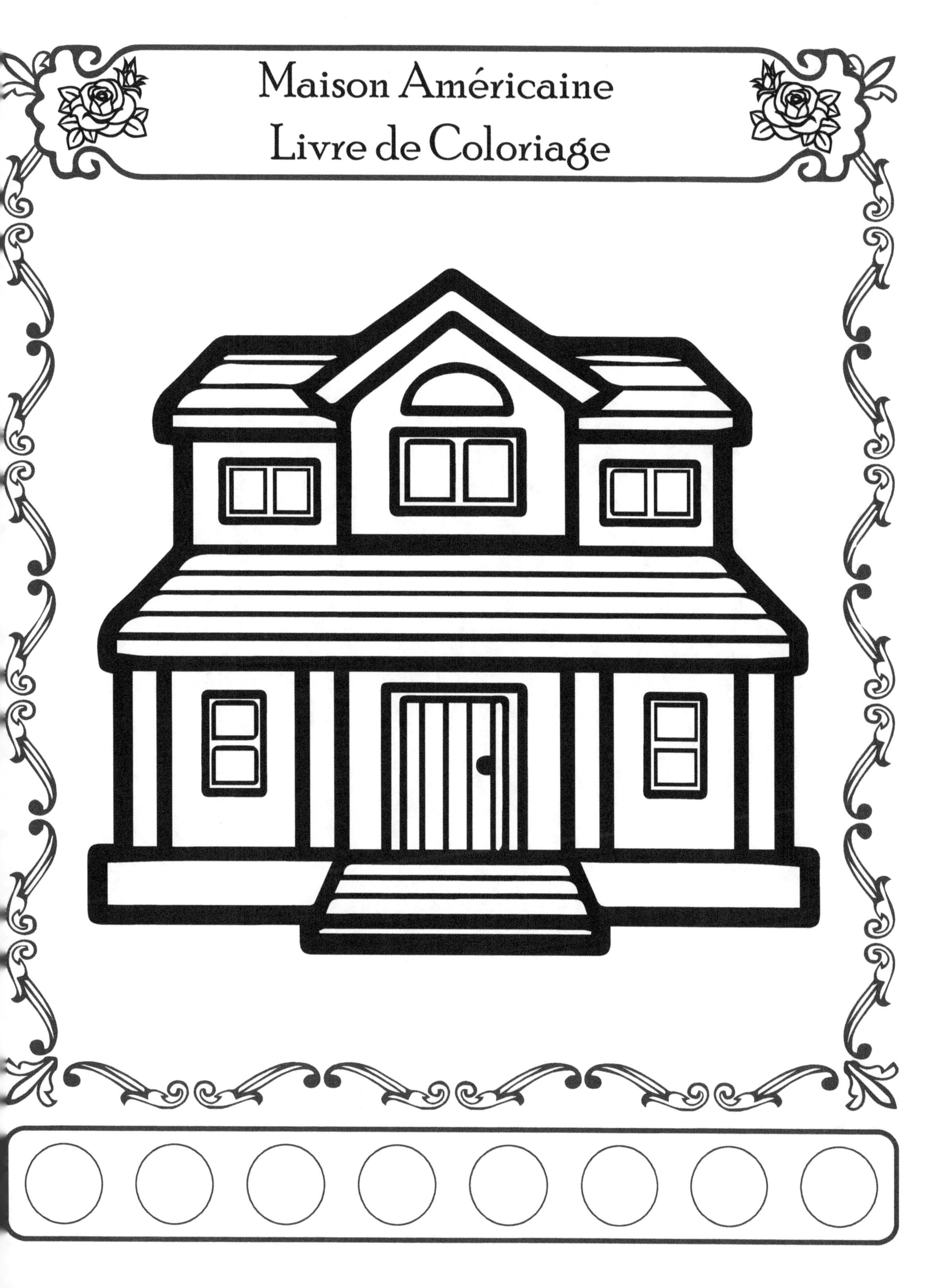

Maison Américaine
Livre de Coloriage

Maison Américaine
Livre de Coloriage

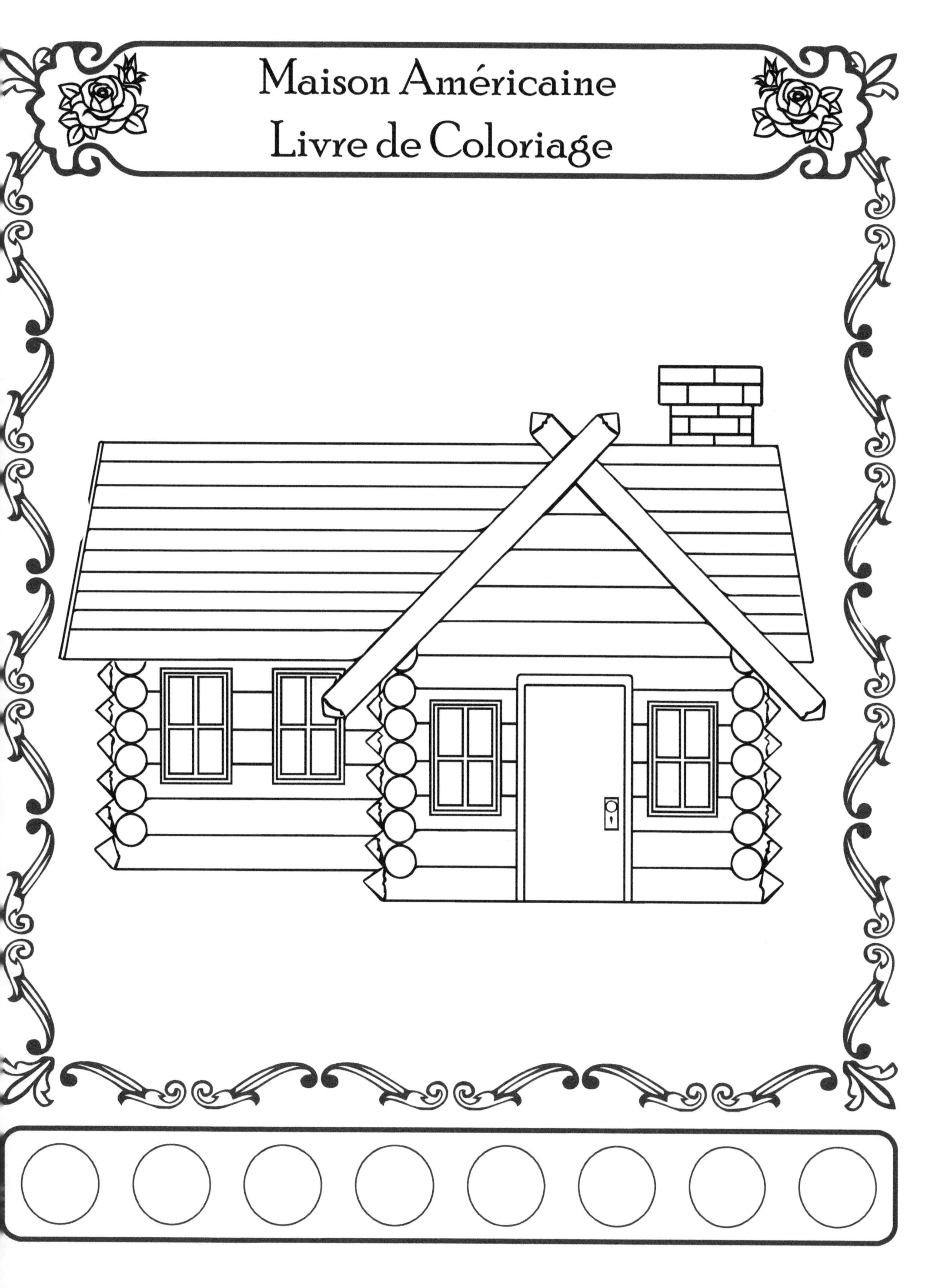

Maison Américaine
Livre de Coloriage

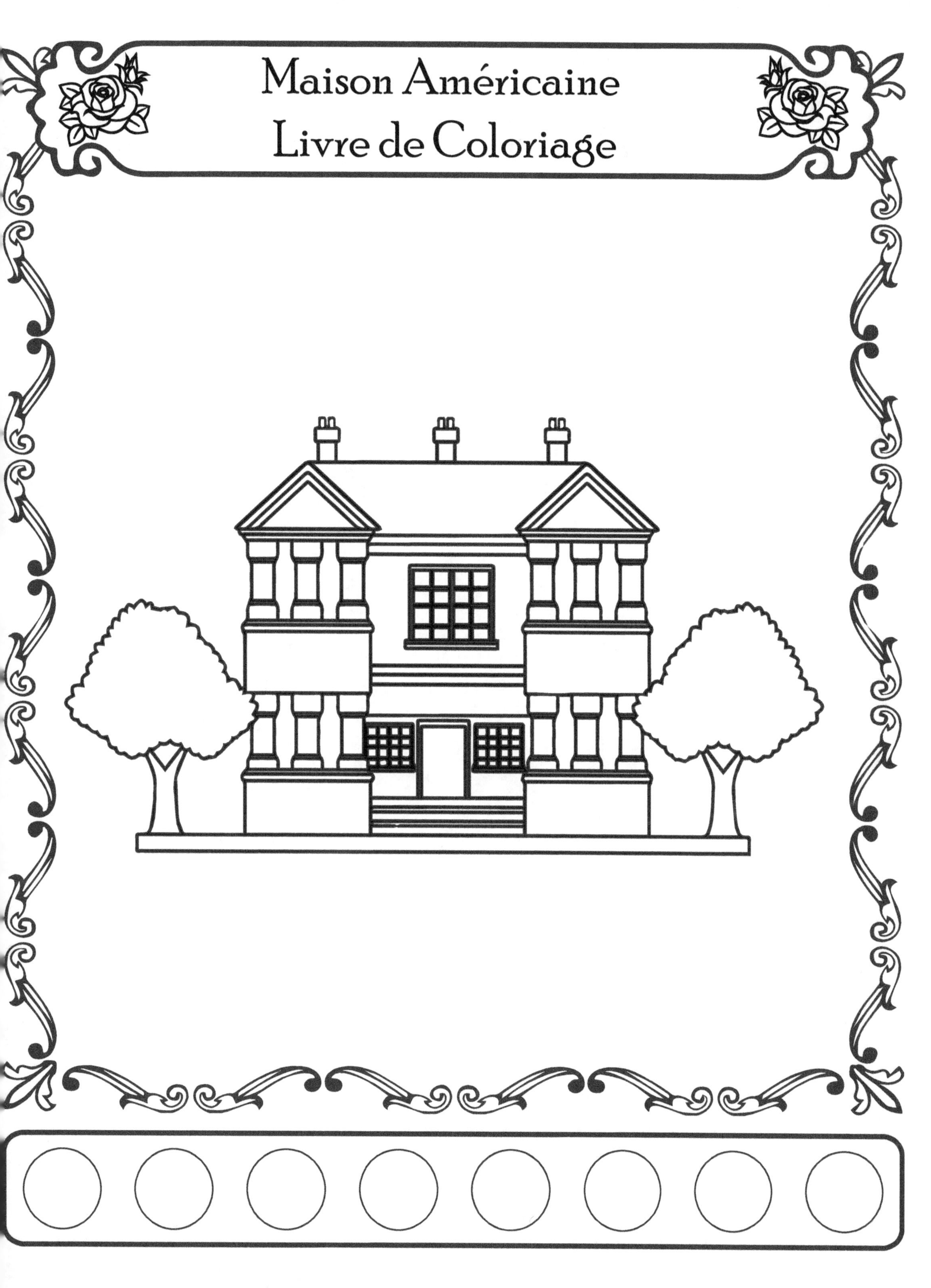

Maison Américaine
Livre de Coloriage

Maison Américaine
Livre de Coloriage

Maison Américaine
Livre de Coloriage

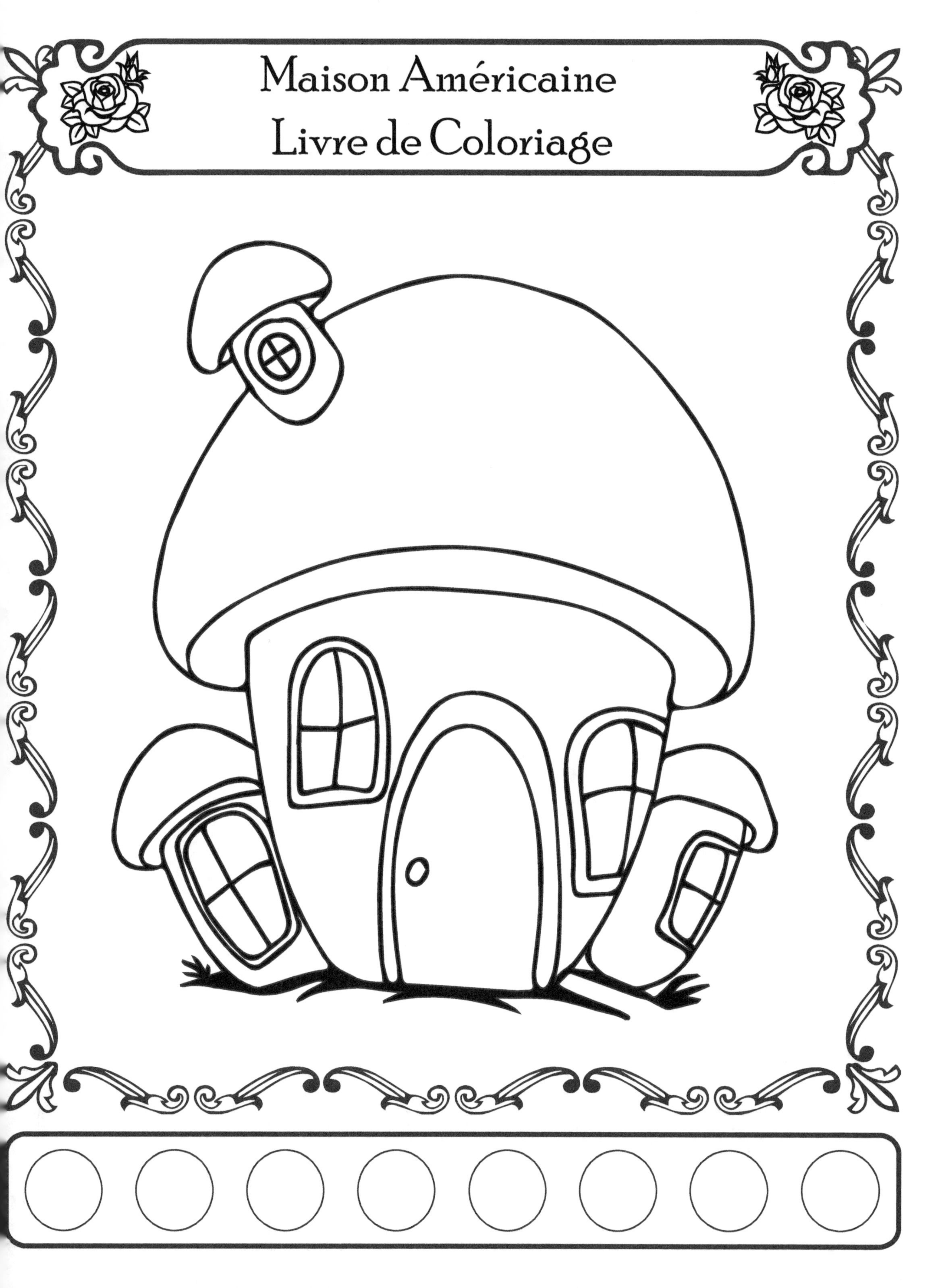

Maison Américaine
Livre de Coloriage

Maison Américaine
Livre de Coloriage

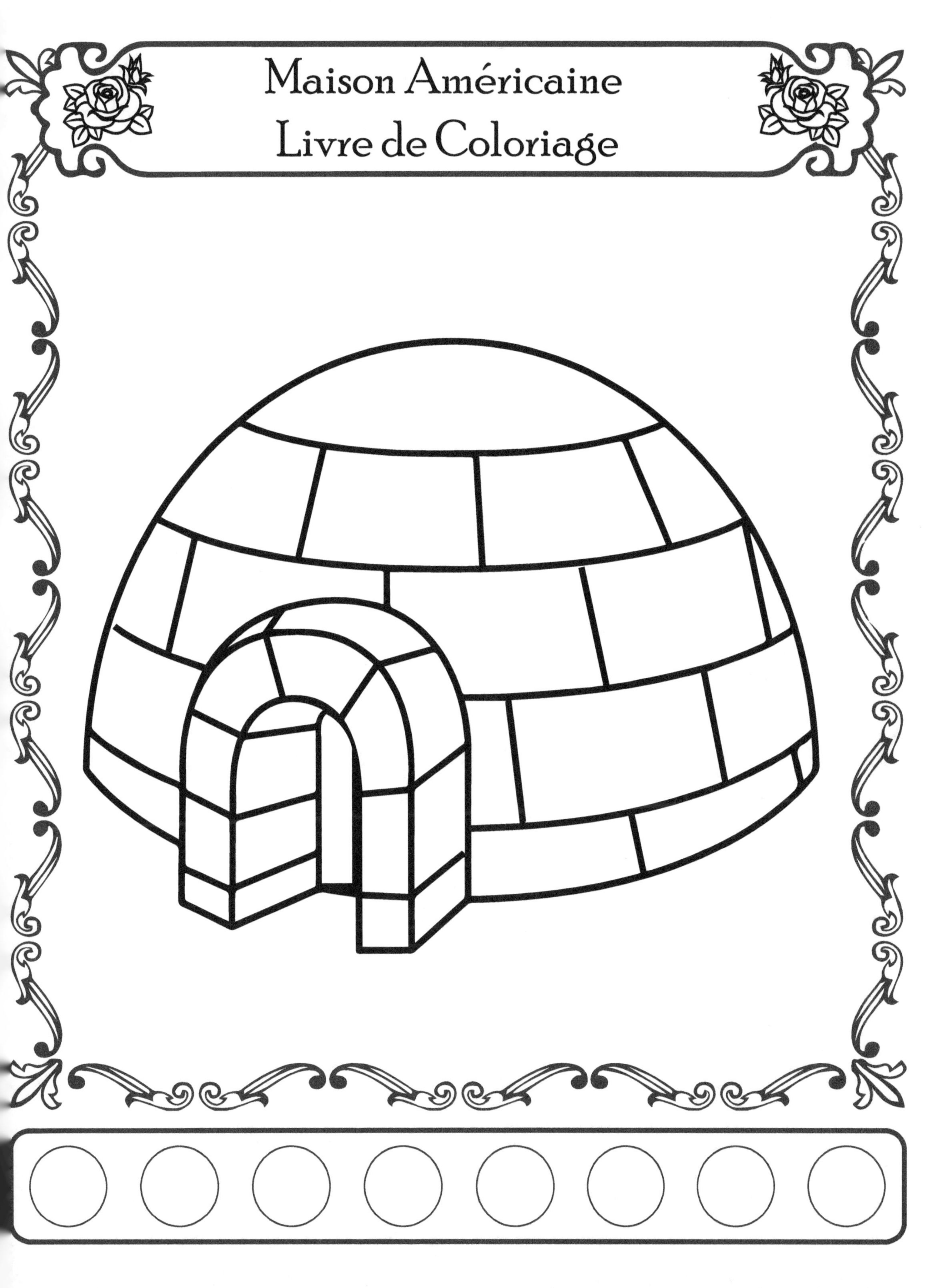

Maison Américaine
Livre de Coloriage